マンガでわかる
非常識な成功法則

原作 神田昌典

マンガ 宮島葉子

ぶんか社

はじめに

世の中には、実にさまざまな成功法が存在する。つまり、それほど「成功したい！」と思う人がたくさんいるってことだよね。そう、この本もそれらのうちのひとつで、私が2001年3月に青年会議所で請け負った講演をベースにまとめた『非常識な成功法則』（2002年刊）をコミック化したものだ。

主人公は、34歳の女性WEBデザイナー。上司と部下の間で日々奮闘しているものの自らのポジションに疑問を感じる日々。職場の人間関係に対する不満、自分の将来に対する不安も抱えている。そんな彼女が、『非常識な成功法則』に出会い、自らの目標を段階的にクリアしていく過程を描いている。

おそらく世間には、「成功するためのノウハウをコミックで読もうなんて、バカげている」とか「そんなものを読んで成功できたら、苦労しない」などという人もいるだろう。しかし、そういった声は一切無視して、あなたがこの本を手に取ったときの直感に従って、ページをめくってほしい。なぜなら、今回私が、コミックというスタイルを採用したのには、ちゃんとした理由があるからだ。

ところで突然だが、あなたは「ストーリー　アプローチ」（あるいは、「ストーリーマーケティング」）という言葉をご存じだろうか？　商品やサービスそのものの機能的な価値をアピールするのではなく、それをとりまく世界観や開発の背景をストーリーにのせて紹介することで、共感を生み、支持を得る手法だ。

拙著『ストーリー思考―「フューチャーマッピング」で隠れた才能が目覚める』（ダイヤモンド社刊）でも詳しく書いているが、ストーリーは、人間が生み出した、最古かつ最高のテクノロジーである。一昔前までは、ストーリーは、映画や舞台といったエンターテインメントのもので、ビジネスには無縁だった。ところが、近年は、アンテナの鋭い人たちによってストーリーの重要性が語り始められ、今やＣＭや雑誌でも広く使われている（某企業の犬がお父さんになっている家族のＣＭなど）。

特にコミックは、ストーリーを伝えるのにとても優れている。描かれた物語は脳に無意識にインプットされ、あなたは、ページをめくっているうちに『非常識な成功法則』の要点がすんなりと理解でき、行動する思考回路が得られる。

本書は、差し障りのないことを行儀の良い言葉で書いてある成功法とは、まったくの別物である。プラス思考を並べ立て、「俺はこうして成功した。だからあなたもこうするべきだ」と説教をたれるようなものではない。成功法則が嫌いな人が成功するための本で、凡人にこそ適している。「同じような毎日に、息がつまりそう」「スキルは自分のほうが上なのに、なんであの人より評価が低いの?」と、現状に不満を持っている人、「ナマケモノだけど、最短距離でステップアップしたい」と非常識な欲望を抱いている人にこそ読んでほしい。また、既に『非常識な成功法則』を読んだことがある人にも、新たな興味を持って親しんでいただけるに違いない。

実は、『非常識な成功法則』は、私が今まで出してきた著書の中で、いまだにナンバーワンの売れ行きを誇っている。なぜか? 「書いてある通りに行動したら、目標をクリアできた」という人が後を絶たず、評判が評判を呼び、成功者のスタンダードとして浸透しているからだ。

私は、仕事柄いろんな場所でいろんな業界の人に会う。名前を挙げると、誰もが知っているような著名人に会う機会も多い。そのような人たちから「実は私、『非常識な成功法則』を読んで、人生が大きく変わりました。そのおかげで、この場にいられるんです。ありがとうございます」と、打ち明けられることがある。10数年たってもまだ、こんなふうにたくさんの人たちから笑顔で感謝されるのはもちろんうれしい。けれども、それは決して私のおかげなどではない。実行した本人の力によるものだ。

私はただ、そのきっかけを作ったにすぎない。

ここまで言ってもまだ「自分には、成功するための学歴が……」とか、「人脈がないから無理」なんて、ないもの探しをしてる？　もしそうだったら、それこそ本当に時間のムダ。的外れ。私の学歴は、ギリギリで入ってスレスレで卒業しているから、自慢できるようなものじゃない。リストラにだってあったし、いろんな失敗もしてきた。優秀とは言えない凡人だ。その凡人が伝授する成功法だから、決して難しいことはない。「誰もが望むことを実現できる」という極めてシンプルなもの。大切なのは、「そんなのあり得ない！」という邪魔な思い込みを捨てて、実行すること。さぁ、目の前にある成功の扉を開こう。

目次
Contents

本書は、2011年10月28日にフォレスト出版より発行された
『非常識な成功法則［新装版］』の要点をまとめ、再構成したものを解説として掲載しております。
なお、マンガは同書のセオリーを元に構成したフィクションです。

デザイン　芳賀沼なおこ
編集協力　株式会社砧書房
編集　永野由加里（ぶんか社）

序章 成功は「悪の感情」から始まる

Comic 1
凡人からの脱却

すみません
名前 度忘れ
しちゃったん
ですが…
私
恩田《おんだ》恵美《えみ》 34歳
WEBデザインの
仕事をしています
チーフの
恩田です
よろしく
お願いいたします
先日 新しい
部長がきました
そうそう
恩田さんでした
創立当時からの
古株さん
ですよね
古株…
ええ
まあ…
年は私と同じ34歳
よその会社から
ヘッドハンティングで
我が社にきました

入社当時はまだ小さなWEB制作会社でしたが今はいろんな部門ができて大きくなりました
9F システム総
8F マーケッ
7F 第2制作部
6F 第1制作
5F
デザイン一筋って聞きましたが
美大出身？T美？M美？
いえY美専門学校です
えっ？そうなの？よく今までがんばってきましたねー
じゃあ叩き上げってことですか？
会社が大きくなるにつれ一流大学の社員が増え
叩き上げ…
まあそうですね
ごめん、アタシもう限界
エミがんばって
うんがんばる…
同期の専門卒は結婚退職したりフリーになったりしてやめていきました

前の部長と
勝手がちがって
やりにくいかも
しれませんが
ああいえ
こちらこそ
まァ
よろしく
頼みますよ
そーいや
取締役の
大原《おおはら》さんが
わからないことは
「なんでも君に聞け」
って言ってたけど
チラ
仲が
いいの?
仲がいい
だなんて
同期の大学出の
男たちは皆
出世したが
会社が
小さい頃から
いっしょに机を
並べてただけ
ですよ
あはは
そっかー
だと
思いましたよー
やれやれ
女の人はいろいろ
怖いからなー
気ィ使っちゃうよ
ぼそっ
なるほど
やりにくいのは
そっちのほうね
チクったり
しないわよ
はァ~
あたしはずっと
「チーフ」という
名ばかりの役職に
いる

第2制作部
三上《みかみ》君 何度言ったらわかるの?
これ やり直し 文字詰めの最後はそろえてって言ったでしょ
えーっ またっすか
「またすか」はあたしのセリフ
オレ こーいぅ チマチマした作業 あんま好きじゃないっす
オレ恩田さんとちがって ここにずっといるわけじゃないっすから こんな作業覚えなくてもいいっすよ
はあ?
おーい 三上!
ちょっと つきあえ
R化粧品の担当者がきてるから紹介する!
ハイ 部長

ああ R化粧品の 横内《よこうち》さんが いらしてるんですか？
なら私も ごあいさつに
ああいやいや 今日は全面リニューアルの提案をしようと思いましてね
え？
そんな話 聞いてませんが
まあ なんですか
会社も イメージ刷新を 考えて ボクを起用 したわけですし
これからは 三上のような 若い才能を 伸ばしたいと 思いましてね
いやー テれるっす
むっ
そうですか わかりました
いやあ別に 恩田さんが 「古い」なんて ことは言って ませんからね
ニヤニヤ

じゃっ すんません チーフ！ 直しヨロシク！
……
ぐっ
いつから だろう
……
自分の頭の上に 見えない天井を 感じるように なったのは
大衆居酒屋 やきとり
居酒屋
なんであの バカで能なしの 三上が重宝 されるのよっ
だいたい R化粧品は あたしがメインで やってきたのよ！
く——っ
エエミさん 今日はペース 早いね

ドン！
あー
ムカツク！
あたしのほうが
センスもいいし
仕事もできるのにっ
そーだっ
エミさんのほうが
実力は上！
吉川《よしかわ》に
ホメられても
うれしくないいっ
フリーターの
くせにっ
ボカッ
あたっ
エミさん
いいパンチ
っす
ギターばっかり
弾いてないで
さっさと就職
しろ！
アンタの腕じゃ
プロはぜったい
無理！
えへへ
エミさんは
いっつも
キビシーなァ
吉川君は専門学校
時代にやっていた
バンドの仲間で
4つ下の
フリーターだ

アンタだって会社入れば女より出世できるわよ
大学だって出てるんだし
飲み代を出してやればいつでもグチを聞いてくれるありがたい後輩だ
あーあ同い年の上司なんてアタマくる!
ホントアタマくるよね
おまえに同情されたかないっ
ボカ!
……だよね
今さらだけど大学出ておけば良かったのかなー
はァ…
なに言ってんの
大学出はツカエナイっていつも言ってるじゃん
会社には透明の天井があるのよ
天井?
そうあたしの場合は「学歴と女」

あたしはずっとあそこで古株だの怖いだのって言われて一生終えるわけ?
そんな男一発かましてやれよいつもオレにやってるみたいに
んもうアンタこそ男のくせにヘラヘラして
いつまでフリーターやってる気?大丈夫なの?
うん……
だからオレ実家に帰ることにした
え?
ジーチャンが腰痛めたからオレが農業継ぐことにした

今日は
エミさんに
お別れ言いに
きた
ごめん
あたし知らずに
グチばっか…
エミさんは
怒って
いいんだよ
上にのぼりたい
って感情も
大切だよ
ホントに
帰るんだ…
吉川君?
オレも東京で
いっぱい経験した
ヘラヘラしてる
かもしれないけど
悔しいことも
いっぱいあった
だから負けて
帰るのは
絶対イヤだ
オレ 田舎で
必ず成功する

成功……？
向こうで農家継いだやつらと会社作ることにした
農業も株式会社化だよ
まずは
金もうける
なに言ってんの？成功はお金で買えるものじゃないでしょ？
あはは
エミさんもオレと同じ凡人だね
成功しようと思っても人は心の軸とお金の軸の間で迷ってしまう
心の軸は「豊↔貧」で計る豊かな心は正直 愛いわゆる「善」の感情
貧しい心は嫉妬 ミエ 物欲悪の感情
本当の④豊かな金持ち
③宗教家
②成金
①凡人
(善)豊
心
(悪)貧
富
お金
貧

お金は欲しいけど
心は貧しくなりたくないオレもずーっとそう思ってた
心
金
でもそれじゃちっとも前に進めない
ああなるほど
フツーはこう行きたいよね
豊
心
貧
金
富
でもなかなか凡人にはむずかしい
だから2段階で行く
豊
心
貧
金
富
自分の「悪」の感情を活用してまずは金を得てその次に心を磨くってとこ？
まあ確かにね

悪の感情？
エミさんも悔しいこといっぱいあったろ
怒りや嫉妬はみにくいだけじゃない
エネルギーにだってなるんだよ
いつか見返してやりたいと思わないか？
怒りや嫉妬をエネルギーにする？
見返す……
ま受け売りだけどさ
この本の

非常識な成功法則
新装版
お金と自由をもたらす8つの習慣
神田昌典
本？
「成功は悪の感情から始まる」なんかいいだろ？
これエミさんにあげる
オレ その本読んで考え方変わったよ
非常識な成功法則
試しに読んでみてよ

序章

成功は「悪の感情」から始まる

●悪はエネルギー源になる

成功するために必要なことって、なんだろう？　成功した人たちの回顧録には、「人の役に立つことをしていれば、お金は後からついてくる」「本当に大切なのはお金じゃない」「出会いを大切に」などと記されていることが多い。これらは、小学生の頃から道徳の時間でもよく聞いた覚えがあるだろう。確かに大切なことだ。決して間違ってはいないし、私もすべてを否定するわけじゃない。でも……ね。凡人が、こういった常識的なことだけを念頭に置いて、成功できるだろうか？　私の答えは「ノー」だ。

実のところ、こういった成功者の弁の多くは、成功者が自分に言い聞かせているようなものだから、本人にとっては意味があるだろう。なぜなら、まともな成功者がいちばん恐れるのは、成功にあぐらをかいて傲慢になり、周囲に敵を作ってしまうこと。それを回避するためには、自らを律する必要がある。そこで、「謙虚さを忘れるな」

とか「お金で幸せは買えない」とか「出会いを大切にしよう」なんて言うわけだ。

でもそれを、今現在お金が欲しくて欲しくてたまらない人に言ったところで、ちっとも説得力がないよね。「そんなことはわかってるよ！　だけど、お金持ちの思い出話じゃなくて、もっと現実的なノウハウを教えてよ！」と叫びたくなるだろう。当然だ。それで、いい。これから「なんとしても成功したい」と思っているあなたは、叫んでいいのだ。

非常識な成功法則の第一歩は、「お金を儲けたい」「自分を馬鹿にしたヤツを見返してやりたい」「学歴や性別で評価に差がつくなんて、納得いかない」など、一般的には悪だとされるような感情を肯定するところから始まる。なぜなら、そういった感情には非常に強いエネルギーが宿っているからだ。だったら、それをちゃっかり利用してしまおう。

●お金と心の問題を切り離そう

表向きには、嫉妬や虚栄心などは持ってはいけないとされている。多くの人が、コミックの主人公恵美のように「成功はお金で買えるものじゃないでしょう?」と思っているに違いない。しかし、どうだろう？　成功者が、「幼い頃は貧乏だった」とか「成績が悪くてバカにされた」なんて語ることは少なくないし、「いつか見返してやろうと頑張った」といったエピソードもよく聞くよね。私も含めて、金銭的な成功に至る道のりで、コンプレックスをエネルギーとして活用しなかった人なんて、滅多にいないんじゃないだろうか。

じゃあ、実際に悪の感情をエネルギーとして活用するには、どうしたら良いのか？

それにはまず、成功への道のりを2つの軸でとらえるとわかりやすい。お金の軸と心の軸だ。これをわかりやすくまとめたのが、【図1】だ。

[図1]

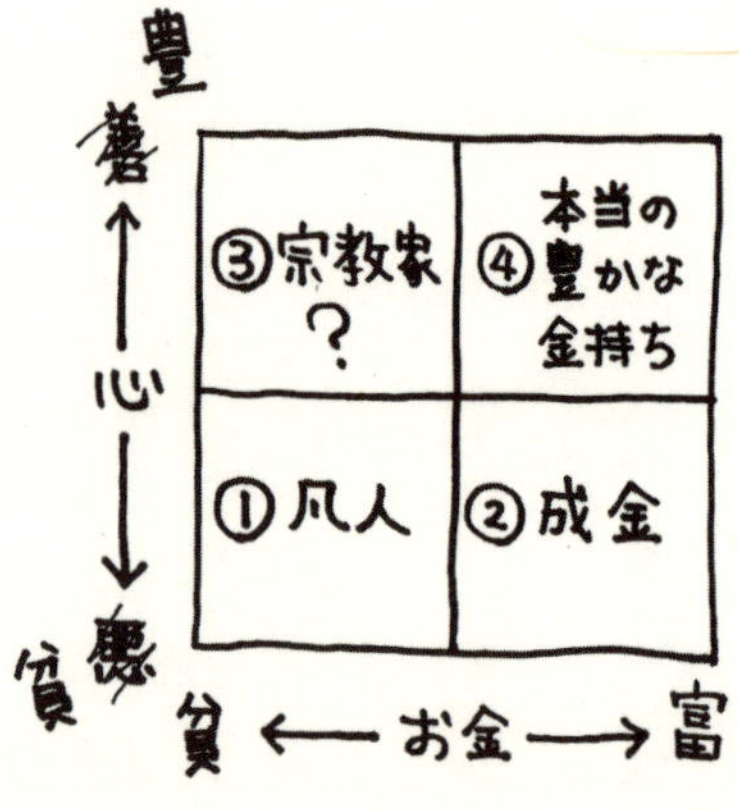

つまり、世の中には４タイプの人間が存在すると考えられるってわけ。①凡人。金銭的にも精神的にも貧しい②成金。金銭的に豊かだが、心が貧しい③金銭的には貧しいが、心は豊か④金銭的にも精神的にも豊か

●2ステップ戦略で凡人を脱却

凡人は、豊かになろうとしてがむしゃらに働く。その結果、お金が得られたとしても心も豊かになれるかといったら、そう簡単にはいかない。お金持ちにも心豊かで幸せなお金持ちと、それとは逆の不幸なお金持ちがいる。どうせ成功するなら、当然④を目指したいよね？　できれば、①から一気に④にいきたいと考える。でも、ちょっと待って。それだと、凡人が凡人のままで終わってしまう確率が、非常に高い。

なぜなら、④に至るまでには、お金も欲しい、社会にも貢献したい、周囲から高く評価されたいという欲求をすべて満たす必要がある。それって、かなり難易度が高いことだ。もう一度【図1】を見てほしい。お金と心の軸は別々に向いている。だから、「お金は欲しい」けど「お金だけがすべてじゃない」というジレンマが生じる。あちこちに軸がぶれて、結局凡人のままで終わるのがおち。つまり、【図2】（30ページ）のように①から④を狙うのは、一見効率が良さそうだけど、凡人がよく陥るトラップなんだ。

じゃあ、どうしたらいいか？　凡人脱却のためには、【図3】（30ページ）のように段階を踏んで④に進もう。そこでエネルギー源となるのが、今自分が抱えている悪の感情だ。まずはそれを活用して、金銭的な安定を得てしまう。その後で、精神面でも豊かに成長する。この2ステップ方式こそが、非常識な成功法則のキーポイント。誤解してほしくないのだが、決して「これから先は、何がなんでも悪の権化になりきった人生を送れ」と言っているわけではない。「成功に向かって、離陸するまでは膨大なエネルギーを要するから、悪の感情さえも利用してしまおう」ってこと。あくまでも短期集中型で、成功するための技法上の課題ととらえて割り切ってほしい。

[図2]

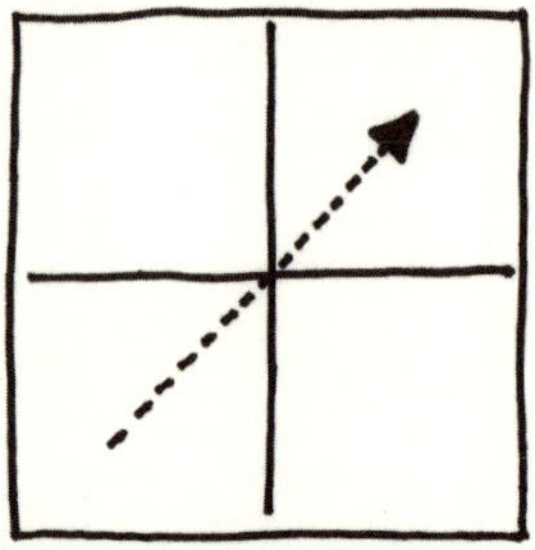
ふっうはこう行き
たがるけど…

[図3]

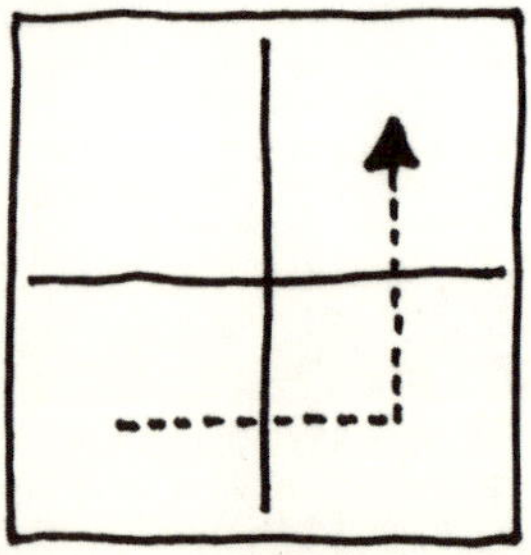
実はコレが最短なんだ

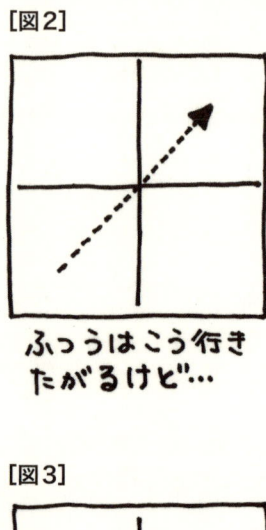

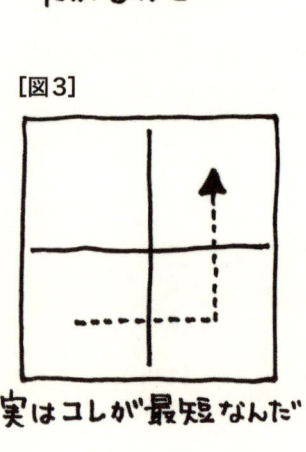

第1の習慣 やりたくないことを見つける

Comic 2
潜在能力のスイッチ

はいはい！
申しわけございません
制作部
直ちに直しますのでご迷惑をおかけしました
担当の三上にものちほどお電話させます
ガチャ！
三上君はどこっ!?
あーさっき頭痛いから休むって連絡ありましたー
はあ？
あのバカなんで最終チェックあたしに回さないのよ！
誰か手の空いてる人……
ボク手一杯で～す
あたしもー
ムリー
カタカタ
カタカタ

わかったわよ
あたしが
やるわよ
はァ
2日続けて
休みなの？
ところで
新人の細井《ほそい》さん
今日休みの連絡
あった？
さあ…
えー
なんでかなー
ダイエットに
失敗して
家で倒れて
いたりしてー
クスクス
えー
食い過ぎ
じゃねーの？
クスクス
ケラケラ
「細井」なんて
笑っちゃう
よなー
コラ！
他人の体型を
笑ったり
しない！
電話も
出ないし
帰り家に
行ってみるか
新しい部長が
きてから部内の
空気が変わった
ような気がします

退職願
これ 今日 細井君から 送られて きたんだけどね
退職願って 配属されて まだ1週間 ですよ
まあイマドキの子 っていやあ そうなんでしょうが 恩田さんとなにか あったんですか？
はあ？
私…と？
ちょっと 厳しかったんじゃ ないですか？
ニヤ ニヤ
恩田さんに 限っては そんなことはないと 思いますが
ちょっ！
あたしが いじめたとでも !?
若い子にとっちゃ 恩田さんは お局様ですからねー 怖かったのかなー

ごはんにも連れてってたしていねいに教えたつもりです
あーいやいや一般的にってことですよ
まあしかし
直属の上司である恩田さんの責任は回避できませんよ
……すいません…………
本当に最近イヤなことばかり
よし今日の予定はすべて終了！
久しぶり定時に帰れる！
お風呂に入って
録りだめしたドラマ見てそれからー
ルン
ルン
ルン
RRR
RRRR
う…
なんかイヤな予感…
RRR

はい BBソリューション制作部
あーオレ A興業の木田《きだ》だけど
ああ木田様 いつもお世話に……
今度の更新ページなんだけどさ 変更してもらえる⁉
あのォ… 変更はいたしますが
次からは就業時間内に言っていただけると……
あのさー わかってるー? オレは客だよ 更新まであと数時間なんだから早くしろよっ
はい わかりました…
ズダダダ
ズダダダ
お客にはお客の都合があるだろうが
1週間も前に出したのにっ
なんで毎回あたしが退社する直前に言ってくるの⁉

あー
グチりたい
グチりたい
でも吉川は
いない……
「悪の感情」は
あるんだけどさー
具体的に
どーすんのよ
パラ
パラ
目標は紙に
書くと
実現する
またまたー
書くだけで実現
するなら世の中
成功者ばかり
じゃーん
ギャハハハ
バタ
バタ
もう一度
言うよ
紙に書くと
実現する
はた…
そーいや
書いたこと
ないや
そもそも
あたしの
目標って
なに？
目標には
「良い目標」と
「悪い目標」が
ある
たいていの人は
悪い目標を
作ってしまう
そこで あなたには
良い目標の
作り方を
教えましょう

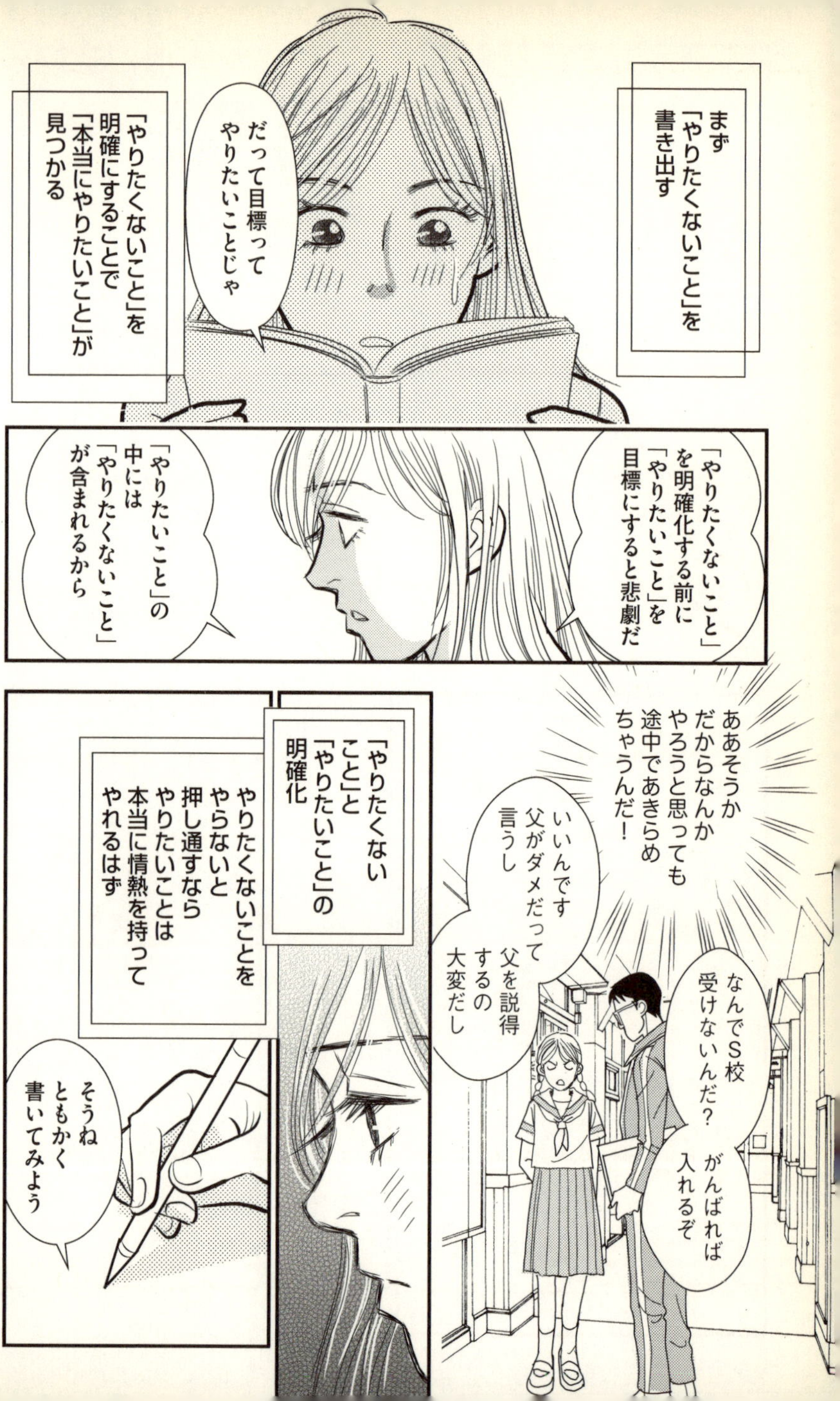
まず「やりたくないこと」を書き出す
だって目標ってやりたいことじゃ
「やりたくないこと」を明確にすることで「本当にやりたいこと」が見つかる
「やりたくないこと」を明確化する前に「やりたいこと」を目標にすると悲劇だ
「やりたいこと」の中には「やりたくないこと」が含まれるから
ああそうかだからなんかやろうと思っても途中であきらめちゃうんだ!
なんでS校受けないんだ?
がんばれば入れるぞ
いいんです父がダメだって言うし
父を説得するの大変だし
「やりたくないこと」と「やりたいこと」の明確化
やりたくないことをやらないと押し通すならやりたいことは本当に情熱を持ってやれるはず
そうねともかく書いてみよう

「やりたくないこと」ならすぐ書けるわよ
①バカな後輩の尻拭い
②嫌な上司に頭を下げる
③嫌いなクライアントとの仕事
④つきあい残業
部下にピリピリ怒りたくないし
自分が悪くないことにヘコヘコしたくないし
よし…と
次は「やりたいこと」ね
こっちのほうがむずかしいや
でもどんなバカげたことでもいいんだよね
ああそういえば
最近買い物してないなー
買い物大好き!
特に皮製の小物が好き?
スリスリ
なにがダンシャリよいとしいあたしのコレクションたち
ごめんねまだはいてあげられなくて
よし!まずは買い物だっ!
かきかき

だったら
旅行行きたーい♪
イタリア行って
革小物買う――♥
好きなだけ
買えるお金
ほし――い♥
全部
並べられる
広い部屋に
住みた――い♥
あーそうそう
あのクソ上司と
仕事したくないから
会社変わりたーい♥
なんか
遊ぶこと
ばっかじゃん…
いいのか?
やりたくないことと
やりたいことを
突きつめていくと
いったい自分が
なんのために
生きているのか
考え始める
それは「ミッション」
といわれるもの
人生上の
目的意識?
自分の命が
あと半年しか
なかったら
なにをやらなければ
ならないのか
自分の
生い立ちを
思い出せ?
子供の頃の
つらいこと?
親との葛藤?
今までの苦労?
美大に
行きたい?
なにをバカな
ことを
言ってるんだ!
関東芸術大
学校案内
美術大学

そんな遊びに金は出せん!
だいたい女が勉強してもムダだろう
隆士《たかし》には私立校に行かせて塾にも行かせているのに!
あたしのほうが成績いいのに!
そりゃあ隆士は長男だからな
男には学歴が必要だ
おまえの分の学費はない
地元の短大なら考えてもいい
小さい頃から弟ばかり優遇されてきた
嫌な家だった
母も舅姑には苦労した
ごめんねエミ父さん説得できなくて
西町のオバーチャンに頼んであげるから
母方の祖母が専門学校の学費を工面してくれた
ともかく家を出て東京に行きたかった

あたしのミッション……
ずっとずっと悔しかったこと
父に見せたい!
あたしが世の中に認められることを!
今のままじゃ無理だよね 肩書きもなければ収入も大したことない
父親にすら愛されなかったことが
ときどきあたしから自信を奪う
でもいったいなにをしたらいいの?
ともかく

やりたいことをやろうとイタリアに旅行にきました
きたー
う――♥これよこれ！オイシー♥
やっぱりきてよかった――っ♥
イタリアだけは何度きても飽きないいんだよねー
あちゃー買い物しすぎたかな？
トランクに入らないや…
あーあやっぱりまた見事に革小物ばっか
なぜ紙に書くと実現するのか？

ああ♥ この色♥ この手触り♥ 縫製の美しさ♥
うっとり
イタリアの革ってサイコー♥
目標を書くことで脳の潜在意識にインプットされる
ピロリーン
アレ？ 吉川君からメッセージだ
ブログ作ったよ見て――！
なんだこのブログ
あいかわらずセンスないな
黒地はやめろってこれじゃヘビメタかオカルトだ……
へーエ ホントに農家やってるんだ
そっか吉川んちトマト農家なんだ
じゃ こっちからイタリアのトマトソースでも送ってやろう
あっ そうだ

よしこっちも本日の戦利品を見せてやろう
パシャパシャ
脳は普段3%以下しか使われていない
意識しないと脳は見過ごしてしまう
売るほどあるのにまた買ってしまった小物や靴が好きなのか買うこと自体が好きなのか
ピロリーン
ムダづかいという罪悪感なしに買い物がした――い!
じゃあ売れば?
売る?
残りの97%つまり潜在意識を使うには質問すること(書くこと)がスイッチになる
「売る」……

第1の習慣 やりたくないことを見つける

●気づいたら成功していた

ここに一冊のノートがある。私が会社を設立する際に作成したもので、開いてみるとそこには、次のような目標が並んでいる。

・独立2年で、サラリーマン時の年収10倍を実現する。
・土地を購入し、社屋・住宅を建設する。
・ダイレクト・マーケッターとして日本一の地位を築く。

当時30代前半だった私に、「なんと、身の程知らずな……」と周囲の誰もがあきれていた。特に、父親には「おまえは、MBAまで取ったのに、商売というものをちっともわかっていない！」とこっぴどく叱られたものだ。

ところが、である。夢のまた夢だと思いながら書いた目標が、それから程なくして全部達成できた。それも、懸命に努力した結果としてではなく、「気づけば成功しちゃってた」という感覚に近く、自分でも驚いたほどだ。いったい、どうして実現したのか？　その秘訣を教えよう。

●目標は紙に書くと成功する

実は私も、さまざまな成功法則の本を読んだ。なんてことはない。今のあなたと同じような立場だったのだ。そして、読んでいるときは、「なんて胡散臭いことを言ってるんだ。それで成功したら、苦労しないよ」と思っていたのも事実だ。これもおそらく今のあなたとそう違いはないだろう。

ところがなんと、実現してしまったのだから、あなたもやってみない手はない。しかもそれは、誰もがすぐに始められる簡単なことなのだ。

目標は、紙に書くと実現する。

ほら、簡単でしょ？　あれ？　ひょっとしたら、「バカにしてる？」と思ったかもしれないが、私はいたって真面目だ。目標は、紙に書くと実現する。

何もこれは、私だけに起こったミラクルなどではない。野球のイチローやサッカーの長谷部、本田といったアスリートを例に出せば、納得していただけるに違いない。彼らが、夢を実現するために日記やノートを活用していたことは有名だし、ビジネスの世界で成功している人も同じようなことを言っている。

つまり、成功するかしないかの違いを単純にあらわすと「自分の夢・目標・願望を紙に書くか書かないかでしかない」とも言える。ところが、「まさかそんなはずはない」という先入観にとらわれて実行しない人が多いのだから、ホントにもったいない。私は、実際に紙に書いた。そしたら、成功した。これこそが、現実だ。

●先に、やりたくないことを書き出す

だったら、すぐにでも「日記をつけたらいい?」「ノートを買ってこよう」と思ったあなた。間違ってはいないけど、半分だけ正解といったところ。その先に、運命を大きく左右するポイントがあるからだ。それをこれから説明しよう。

せっかく目標を立てるなら、少しでも実現する確率を高くしたいはず。そのために

は、上手に目標を設定することがとても大切だ。目標には、実現に向かって自分をナビゲートしてくれる「良い目標」と、障害が生じて挫折しやすい「悪い目標」が存在する。そこで必要になるのが、自分が本当にやりたいことは何かを明確にすること。

主人公の恵美は、実にいいところに気づいた。「そもそもあたしの目標ってなに？」（37ページ）と、自問自答しているよね。これが、とても重要なんだ。目的意識を持って自分に問いかけると、脳はその答えを見つけ出そうとして働く。

ただし、非常識な成功法則では、本当の目標を見いだすより先にすべきことがある。それが、「まず、やりたくないことを書き出す」というもの。なぜなら、「やりたくないこと」を明確化する前に、「やりたいこと」を目標にすると悲劇だからである。「やりたいこと」の中には、「やりたくないこと」が含まれる。

たとえば、ある会社の社長が「上場する」という目標を掲げたとする。そのためには取引先を拡大する必要がある。当然、嫌な客も増えるし、組織拡大に伴って社内では混乱も生じる。そうこうしているうちに「面倒なことばかり起きるなら、上場なんてやめようかな」って考えも芽生えてきちゃう。ところが、他社の成功を耳にすると「やっぱり、規模をでかくしよう」と初心を思い出す。そうやって、目標と現実の間で気持ちが揺れ動く。それを繰り返しているうちに時間だけが過ぎてしまい、現状で足踏みどころか、後退するなんてことが現実にはよくある。

なぜなら、本来の目標を見失ってしまうからだ。常識にとらわれ過ぎて、「会社を大きくするためには、嫌な客とも付き合わなければならない」「仕事優先で、家族と過ごす時間がなくても当然」なんて思考で行動したらどうなるだろう？　そう、悲劇が起こる。

世間ではよく、「好きなことなら多少の犠牲を厭わないものだ」というけど、果たしてそれは本当なのだろうか？　私の本音は違う。「いくら好きなことでも、嫌なものは嫌だ。やりたくないことを無理してやるから、悩んで挫折するのでは？」と考える。ならば、ここでもまた悪の感情であるわがまま（＝やりたくないこと）を利用してしまおう。まずは、「やりたくないこと」を書き出して、次に「やりたいこと」を書き出す。つまり、自分のわがまま（＝やりたくないこと）を押し通すならば、選んだ道（＝やりたいこと）で存分に力を発揮してやろうじゃないか！　という考え方にシフトするのだ。「嫌なお客とは取引しない。だからこそ、付き合いたいお客には、魂を込めて接する」というわけ。どうだろう？　こっちのほうが理にかなっていて、ハッピーだよね。じゃあ、ページをめくって、とにかく思うままに書き出してみよう。

「やりたくないこと」の明確化

今、この瞬間、自分の人生から消し去ってしまいたいこと、嫌なことをためらわずにリストアップしよう。頭ではなく、手に考えさせる気持ちで。感じたことをそのまま手を休めず、できるだけ多く書き出してみよう！

「やりたいこと」の明確化

続いて、やりたいと思うことをすべて書き出してみよう。実現しそうもないバカげたことでも、期間もこだわらなくてOK！ あなたには、必要な資源、資金、能力、人脈はすべてある！ 頭ではなく、手に考えさせる気持ちで。感じたことをそのまま手を休めず、できるだけ多く書き出してみよう！

やりたいことをすべて成し遂げたときの達成感を味わってみて。
あなたの周りに何が見える？ 何が聞こえる？ どんな感じがする？

●自分のミッションを見いだそう

さて、「やりたくないこと」「やりたいこと」がリストアップできたら、次の段階に進もう。ここでは、「やりたくないこと」「やりたいこと」の2つに決着をつけて、目標をより明確なものに絞り込む。

その前に、勘違いしないでほしいのだが、私は何もあなたに「やりたいことだけやって、やりたくないことはやらなくていい」と言っているわけではない。決着をつけるとは、自分の人生における本当の目的、いわゆる「ミッション」（使命感）を見いだすことだ。そのためには、自分に向かって次のような質問をしてみよう。

・自分の命があと半年しかなかったら、いったい何をやらなければならないのか？
・その半年の間に、お金を1銭ももらえなくてもやるべきことは何か？

この質問の答えを実行することが、あなたの人生におけるミッションだ。ミッションを導き出すには、自身の生い立ちを振り返るのがヒントになる。

・子どものときにどんなつらいことを経験したか？
・父親（あるいは母親）と、どんな葛藤があったのか？
・今までどんな苦労をしてきたのか？
・その苦労には、どんな意味があったのか？

ミッションについて考えると、なぜ自分がそうしたいのか？　それを実現するためには、何をすべきなのかがよく見えてくる。こうして、目的意識を明確にすると、自分のやりたいことを実現するスピードが早くなる。脳のアンテナが敏感になって、必要な情報や資源を効率的にキャッチできるようになるんだ。すると、必要なことが必要なタイミングで起こり始める。

何も難しく考える必要はない。あくまでも自分のパフォーマンスを最大限に引き出すためのテクニックとしてとらえよう。ただし、ミッションを他人に押しつけてはいけない。そんなことをしたら、相手に迷惑がられるだけだからね。

第2の習慣 自分にかける催眠術

第3の習慣 自分に都合のいい肩書きを持つ

Comic 3
すべては小さな一歩から

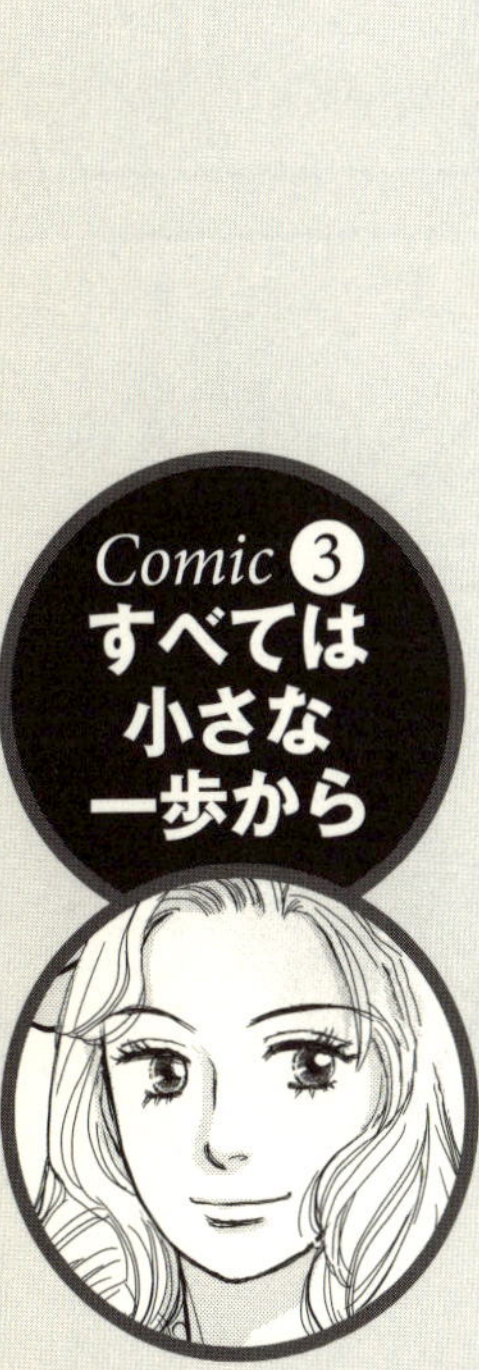

休暇を終え東京に帰ってきました
よいしょっと
レフ板はスケッチブックでいっかァ
リファーもう少し近づけたいな
「売るほどあるなら売れば?」という吉川君の言葉は青天のヘキレキでした
机の表面が生活感出ちゃうから
きれいめなシートを敷いて…と
考えてみたらホームページは自分で作るし
写真も学校時代やったし
買い付けと称して旅行と買い物ができる!!

よし
いいカンジ！
パシャー！
大好きな
革小物と旅行を
仕事にする！
なんで
こんなに好きなのに
これを
仕事にしようって
考えなかったのかな
人は繰り返しの
言葉に弱い
同じ表現を単調に
繰り返すと
軽い催眠状態に
なってしまう
「不況だ不況だ」
と皆に言われれば
「不況だから
仕方がない」という
意識をすりこまれる
のと同じだ
女にできる
わけがない
だろう！
記憶は繰り返される
世の中の言葉 他人の言葉
自分の言葉で
現実を構築していく
女は素直に
上の者の言うことを
聞いていればよい
女がひとりで
できることなど
タカがしれとる
世の中とは
そういうものだ
女が金もうけの
ことなど
考えるな
はしたない！

周囲の言葉で現実が変わってしまうなんて恐ろしいよね
あたしってけっこう素直な子供だったんだなー
だったらこれからは自分の言葉で現実を作ればいい
よーし
自分で自分にかける催眠術！
「あたしのお店」のホームページを作る！
やっぱ実店舗も持ちたいよね
自己催眠をかけることで不安がなくなり自動的に目標に進み始める
自分のホームページ一国一城の主人！なんかワクワクしちゃうな
ポイントは繰り返すこと
そして「目標をながめながらニタニタする」
えーー？ニタニタするー？

ニタニタしながら想像することによって脳にインプットしやすくなり視界が広がる
私の目標!!
買い付け旅行に 年に1度は
② ネット販売のホームページ
③ 路面店 を出して一国
一流ブランドにな
ニタニタして脳をリラックスさせて自己催眠をかけやすくするのね
超有名になってTVや雑誌の取材受けたりしてー
スバラシー
それほどでもォ
ニタ
ニタ
部長の悔しがる顔が見物だわー
くっそーやられたぜ
これを「ヴィジュアライゼーション」(視覚化)という
以上は長期の目標だが数カ月~1年の短期の目標を作ると達成に向けて進みやすい
短期目標をスムーズに達成していく指標に「SMART」の原則がある
「SMART」の原則?
まあ確かにイキナリ店は持てないよね
S(Specific) 具体的である
M(Measurable) 計測ができる
A(Agreed upon) 同意してる
R(Realistic) 現実的である
T(Timely) 期日が明確
つまり1年以内に達成したい目標ってことよね
じゃああたしの場合は

S—年収アップ
M—年収1000万
A—買い付けに必要
R—これぐらいならできそう
T—1年後くらいには
買い付けに行くならイタリア語ちゃんと習わなきゃ
商品知識も必要だしそれから…
うん！目標10個
これを1個ずつ達成する！
でこれをクリアファイルに入れて持ち歩く
いつでも見られるようにね
ともかく小さな始めの1歩を踏む
1歩目が踏み出せれば2歩目はもっと簡単だ
ムニャ
ムニャ
ともかくまずはネットに出品してみたし

売れると
いいなー……
スー……
中川部長《なかがわ》
この工程表
なんですけど
少し無理が
あると
思うんです
それは
あなたの
意見？
外注
頼みますか？
フリーランスの
丸山《まるやま》さんが
空いてるし
は？ いえ いつもの
作業状況から
考えると厳しいかな
と思って
意見は
いらないです

あなたは
ボクの言うことを
下の者にやらせて
くれれば
いいんです
それが
お仕事じゃない
ですか
……
わかりました
あー
めんどくせ
ボソッ
古株のお局
使いづらいったら
ありゃしねェ
……
今のままじゃ
成功なんて
ありえない
転属とか
リストラの
心配のほうが
先かも…
………
いいえ!
負ける
もんか!

ぜったい あいつを 見返して やる！
今に 見てろ!!
うわー エミさんだ 生《なま》っすね♥
吉川ー その言い方 語弊があるから やめてよ
あはは一 生エミさんが 怒ってるー
それより 会社設立 おめでとう！
いやぃやー 幼なじみたちと 手さぐり状態 っすよー
しかし その頭 なんとか ならないの？ 仮にも社長 でしょ？
金髪は 取れてきた けど
あーみんなに 言われますー なかなかふん切り つかなくてー

――で？どんなかんじ？
有機野菜の販売だけじゃなくてそれを使った製品も作りたいなァ
トマトや柚子のジャムなんかどうかなあ
こんなかんじ
いろんな味があって向こう行くと毎日食べちゃう
それならジェラート作ってよ！
イタリアでトマトのジェラート食べたよ！
ジェラートかいいっすね！
色とりどりで目ェ引くね
じゃあ畜産と養鶏やってるところとも連携して
あっちょっと待って
どーしたんすかァ？
売れた

売れた
売れたー
出品したバッグー
やったー
幸先いいっすね！
うん早速
ネットショップのホームページ作る！
最初の1歩踏み出しましたね！
数カ月後
私はイタリア革小物のネットショップ「M《ミ》IA《ア》」を立ち上げました
ホームページ内にブログも作りました
今日から買い付け旅行のイタリアです
毎度のことながら
まずはジェラート
あーん どれ食べよ
見本市で若い
革職人さんの夫婦と
知り合いになりました
日本文化に興味が
あるんですって!

あたしの拙《つたな》いイタリア語
つきあってくれて
ありがとう!
もっと勉強します
ホント
あなたたちの
作るもの
ステキね
できたら
全部買って
いきたいけど
資金がねー
ありがとう
うれしいわ
日本で
あたしたちの
作った物が
使われるなんて
サイコーよ
エミ 次もまた
必ずきてね
待ってるわ
メールで
知らせてくれれば
商品送るし
もし
良かったら
エミのために
一点物も作るよ
オリジナルの
小物かァ…
やってみたいなァ
細々ですが
商品も
売れるように
なってきました
えーと
これは
プレゼント用ね

うふふ このお財布 誰にあげるかな
喜んで くれるかしら
色やブランドで そろえたくなる ような革小物も 集めました
あとで お礼状 出しておこう
リピーターの お客も できました
あーこの人 書き込みもして くれてるー♥
まあ まだ 趣味の域を 出ないけど
でも 楽しい！
うーん どうかな？
髪に ウェーブ入れて みたけど
いいカンジ じゃない？

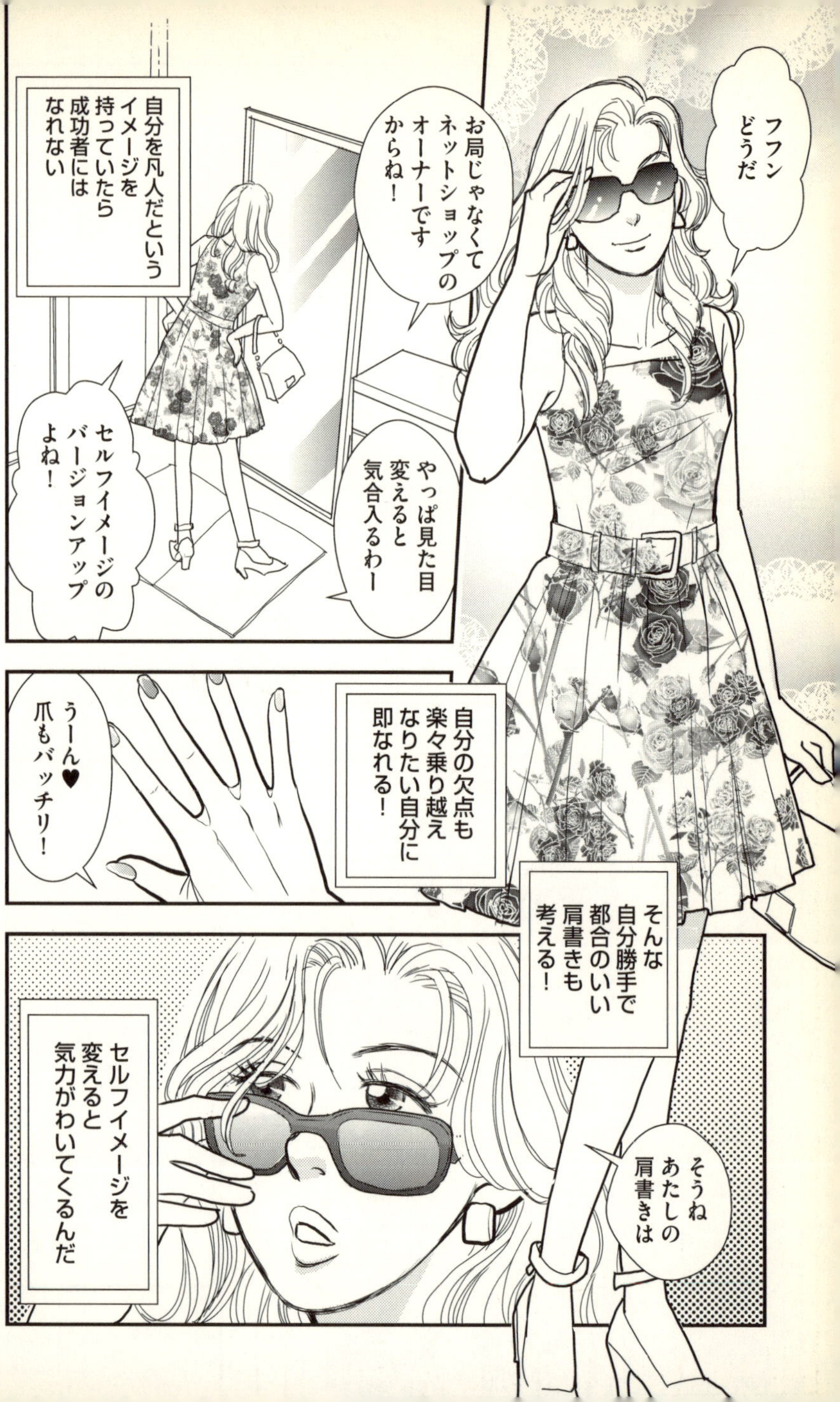
フフン どうだ
お局じゃなくてネットショップのオーナーですからね!
自分を凡人だというイメージを持っていたら成功者にはなれない
やっぱ見た目変えると気合入るわー
セルフイメージのバージョンアップよね!
自分の欠点も楽々乗り越えなりたい自分に即なれる!
うーん♥ 爪もバッチリ!
そんな自分勝手で都合のいい肩書きも考える!
そうね あたしの肩書きは
セルフイメージを変えると気力がわいてくるんだ

決めた！今日からあなたの肩書きは
スーパーポジティブアーンドハイセンスショップオーナー！
今までの自分に決別し新たな自分を演出する！
おつかれさまー！
お先に ―
やったー！今日は残業なーし♥
イタリア語教室行こー♥
ルン♪ ルン♪
気力がわいて仕事はかどるわー
おや恩田さんずいぶん早いお帰りですね
部長はまだ残られていますよォ
ひとりだけ残業なしっすかァ？いーなー
あ……

今日の予定はすべて終わりましたがなにか？
おっもしかしてデートっすか？そりゃ早く帰りたいっすね
そーいや最近ずいぶんとオシャレになりましたねー
やっと彼氏ができましたか
それならそうと言ってくれればいいのに
恩田さんもアセる年ですもんね
彼氏なんていません！
ホントにいやな奴ら！
仕事のあとのことまで話す必要ありますか？
えーそーなんだー
なんだーそりゃ残念だなー
いやいや恩田さんのこと心配してるんですよ
早く結婚しないと子供産めなくなっちゃいますよォ
ニヤ
ニヤ

会社のほうは若い子が次々入ってくるのでご心配なくー
むううっ!
たかがつきあい残業断ったくらいでこの言われよう!?
………
負けない……
ぐっ
大丈夫
だって
あたしはスーパーポジティブアーンドハイセンスショップオーナーだもん

第2の習慣 自分にかける催眠術

●記憶は更新される

人は同じ言葉を繰り返されると、いつの間にかそれを信じ込み、それに合わせて行動する傾向がある。「あなたは、だんだん眠くなる。まぶたが重たくなる」などと催眠術で同じ言葉を繰り返すのは、それを利用している。催眠術なんて文字を見ると、なんとなく怪しげで、身構えてしまうかもしれないが、あなたの気づかないところでも実は頻繁に使われている。たとえば、こんな経験はないだろうか？　同じフレーズを繰り返すCMソング。始めは「耳障りだなぁ」と思っていたはずなのに、ふと気づいたら口ずさんでいた。あるいは、特に興味もないタレントだったのに、友人から「かっこいいよね」と連呼されるうちに、ファンになっていた。なんてこと。

どうして、そんなふうになってしまうのだろう？　それには、人間の記憶のしくみが大きな関わりを持っている。詳しいことは脳科学の専門書に譲るとして、ここでは簡単に説明しよう。

ノーベル賞を受賞した神経学者のジェラルド・M・エデルマン博士によれば、「記憶は脳の一部に貯蔵されているのではなく、思い出す瞬間に毎回再構築される」という。つまり、記憶って常に同じじゃないんだ。毎回更新されていて、そのときに引き出された情報が記憶として認識される。しかも、その記憶の経路は、繰り返しによって太くなる。さらに、自分で口に出していったり、何人もから「そうですよね」とうなずかれたりすると、その情報がフィードバックされて、どんどん補強されるんだ。

●眠る前にニタニタする

私たちの記憶は、繰り返される言葉、自分で発する言葉、他人が同調する言葉によって構築される。そして、その記憶に合わせた行動を取るようになる。その行動が結果となってあらわれる。これが、現実。

さてここで、「他人に自分の現実をコントロールされる」か、「自分で自分の現実をコントロールする」かという2つの選択が生じる。どちらを選ぶべきか、考えるまでもないよね。ならば、自分で自分に催眠術をかけてしまおう。自己催眠のポイントは次の5つだ。

① 自分に都合の良い言葉を選ぶ
② 繰り返し行う
③ 目標は現在形で設定する
④ 眠る前にニタニタする
⑤ クリアファイルを持ち歩く

①と②は、先に説明した通り。

③の目標は現在形で設定するというのは、たとえば「私は○○する」「私は○○になる」「私は○○できる」という表現を用いる。催眠術をかけるときに「あなたは眠くな〜る」と言うのと同じこと。これは、脳に対する命令言語で、自己催眠をかける際のコツだ。スポーツ選手が、プレイの前に「ぜったいシュートが決まる」「必ずホームランが打てる」なんて感じで、ポジティブな表現を繰り返しているのが、これ。この行為を英語で、「アファメーション」（自己肯定のための暗示）という。自己催眠

そのものに抵抗がある人は、にわかに信じがたいかもしれない。でも、やるかやらないかで、結果が大きく変わってくることは明らか。だったら、やってみない手はない。

さて、問題は④と⑤だ。まず④については、「眠る前にニタニタする?」と、頭の中に?マークが浮かんでいるかもしれないが、文字通りニタニタするようなこと（喜ばしいこと、ワクワクするシーンなど）を思い浮かべてみよう。そうすると、脳がリラックスした状態になり、自己催眠がかかりやすくなる。自動的に、目標達成の後押しをしてくれるというわけだ。これは、可視化、見える化などと表現される手法で、英語では「ビジュアライゼーション」と呼ばれる。ビジネスやスポーツ、芸術などさまざまな現場で実践されていることでも有名だ。

⑤もビジュアライゼーションのひとつ。第1の習慣で、「目標は紙に書くと実現する」と言ったが、それをさらに発展させたのが、この⑤だ。紙に書くだけでも効果はあるが、目標についての情報（イメージ画像、目標を書いた紙、リサーチした資料など）をまとめて、クリアファイルに入れて常に持ち歩く。そして、移動や休憩のときに取り出して眺めると、効果はさらにアップする。「またまたご冗談を……」と思われるかもしれないが、本当なんだからしょうがない。そこで、「やってみよう」と思ったあなたに、さらにとっておきの秘訣を教えるから、是非この先を読んでほしい。

●SMARTの原則

第1の習慣では、目標を紙に書くだけだった。そこでは、実現までの期間を設定していなかったため、ゴールがどこにあるのかが曖昧だ。1年で実現できるかもしれないし、5年、あるいは10年かかるかもしれない。先が長ければ長いほど、志は揺らぎやすい。いくらミッションを明確にしてあっても、その現実に近づいている実感が得られなければ、不安になったり、自己嫌悪に陥ったりするだろう。

そこで、もっと身近な目標を設定する必要がある。長期目標と短期目標、このふたつをバランス良く使い分けながらゴールに向かって進むんだ。そうすると、コンスタントに達成感が得られ、挫折しにくい。ずっと先のゴールに手探りで進むより、こまめにチェックポイントを設けたほうが、不安やストレスを軽減できる。

この短期目標をスムーズに達成していくための指標として、「ＳＭＡＲＴの原則」がある。ＳＭＡＲＴとは、次に挙げる英単語の頭文字だ。主人公恵美を例に取って見ていこう。

S（Specific）＝具体的である　→例／年収アップ
M（Measurable）＝計測ができる　→例／1000万円
A（Agreed upon）＝同意している　→例／買い付けに必要
R（Realistic）＝現実的である　→例／これぐらいならできそう
T（Timely）＝期限が明確である　→例／1年後くらいには

どうだろう？　漠然と「お店を開きたい」というよりも、「1年後には、年収1000万円を達成する」っていうほうが、現実味を帯びているよね。というわけで、あなたの短期目標を「SMARTの原則」に基づいて、書いてみよう。

●目標を毎晩10個書く

さぁ、ここまできたら、あと一息。次は、短期目標を実現するために、さらに小さな目標を設定する。「これが必要」と思われる目標を毎晩10個書き出すんだ。恵美のように、「イタリア語を習う」「商品知識を身につける」など、あなたの目標達成に「これをやろう！」というものを毎晩書く。10個に強くこだわる必要はなく、目安としてとらえよう。

書くことは、毎回同じでなくともいいが、「これならできる」というものにしよう。どんな小さな行動でもいい。ここでは、ちゃんとアクションを起こせる現実的なことを書くんだ。なぜなら、私も含めて多くの人は、始めの一歩を踏み出すのに時間がかかるもの。でも、とにかく一歩を踏み出してしまえば、行動にはずみがつく。だから小さな目標は、より実現可能なほうがいい。できないことをいくつも並べてしまったら、いつまでたっても達成感は得られないからね。

始めのうちは、15分くらいかかるかもしれないが、10日もすれば数分でできるようになる。毎回書くことがブレブレで、「大丈夫かな?」と心配になるかもしれないが、気にせず続けよう。続けているうちに、本当に達成したい目標が見えてくる。

もしも、夜に思い浮かばなかったら、「その答えは、寝ている間に出てくる」と自己暗示をかけて、眠ってしまってもいい。そして、翌朝、紙を見てもう一度自問自答してみよう。今日やるべき行動が、自然に思い浮かぶようになる。そんな変化が、あなたに起こり始めるだろう。

第❸の習慣 自分に都合のいい肩書きを持つ

●今までなぜうまくいかなかったのか？

第1の習慣では、心の揺らぎを取り除き目標を明確にした。第2の習慣では、自己催眠を利用して目標をより現実に近づけるテクニックをお伝えした。実をいうと、ここまでは、従来の成功法則でも扱っている。ところが、その成功法則だけでは、なかなか成果が見いだせない人も多い。なぜだかわかる？

その理由は、コンピュータのプログラムとCPU（中央処理装置）にたとえるとわかりやすいと思う。どんなに新しいソフトが開発されても、コンピュータが10年前のままでは動かせないのと同じなんだ。新しいソフトを動かすためには、CPUをバージョンアップしなければならない。

あなたにとってのCPUとは、何か？　それは「セルフイメージ」（自分が思う自分）である。自分で、「自分を凡人だ」と思い込んだままでは、成功者にはなれない。

なぜなら凡人は、成功の兆しが見えても、それを妥当な変化としてとらえることができないから。「自分にできるわけがない」とか、「偶然そうなっただけ」と、否定しちゃうんだ。変化が起こることよりも、今までの自分を維持するほうが、心地いいと感じてしまうんだね。今までのセルフイメージを守ろうとして、変化を拒む。自分の殻を守ることにエネルギーを使ってしまう。これじゃあ、いつまでたっても前進できず、凡人のままだ。

●自分自身をバージョンアップするには

セルフイメージをチェンジするには、とても手軽でなおかつ即効性の高い方法がある。それは、成功者らしく見せることだ。ここでもう一度、第2の習慣を思い出してほしい。意識だけでなく、外見や肩書きでも自己催眠をかけるんだ。

今までのセルフイメージは、あなたの思い込みによって作られたものだ。それを逆手に取って、自分で自分をいいほうにだます。そのためには、まず鏡に映る自分を変えてしまおう。あなたがなりたい自分になるために、服装や髪型を変える。メガネやアクセサリー、バッグ、名刺入れ、財布などの小物を変えるのも効果的だ。今までの自分と決別して、新たな自分を演出すればいい。そして、鏡の前に立って、自分におまじないをかける。誰も見ていないんだから、恥ずかしがることはない。自分の殻を破るんだから、自信を持って思い切り強気で行こう！　ただしこのときも、第2の習慣でやったときと同じように現在形の言葉を用いるのがポイントだ。恵美のように「私は、ネットショップのオーナーです」とか、「私は、必ず成功する」といった具合にである。

●肩書きでスーパーマンに変身

なりたい自分になるための方法として、私の経験から、もうひとつとっておきの方法を伝授する。これも、すぐにできる簡単なことだ。それが、「自分に都合のいい肩書きを考える」というもの。

私は、経営コンサルタントとして独立した当初、クライアントに「教える」というのが、嫌で嫌でたまらなかった。私の売りは、『『カネをかけずにお客を集める方法』を教えます』だった。調査や分析だけでなく、質問を受けてその場で答えを出して、売り上げアップの手段を提示するという内容。クライアントは、切羽つまっているから「今すぐ助けてください」「このままじゃ潰れる」なんて相手ばかり。そこで、私より商売の経歴の長い人に、「先生、なんとかしてください」「先生、いい方法を教えて」と言われる。私には、それが苦痛だった。「お客を集める方法は、教えるけど、潰れる寸前になってから頼られても困る」というのが、正直なところだった。セミナーなんかでも、なるべく質問されないように逃げの姿勢。それで、もう精神的にも肉体的にもまいっちゃった。自分でもそんな自分がつらかった。

でも、「このままではいけない！」と思って、それまでと肩書きを変えてみた。自己催眠をかけたわけ。それまでの「実践マーケッター」を、「スーパー・エナジャイジング・ティーチャー」にした。ただ教える人じゃなくて、人にエネルギーを与えるっていう意味を盛り込んだ。そして、自分で自分に何度も言い聞かせた「私は、スーパー・エナジャイジング・ティーチャーだ」と、まるでお経のように唱える。するとね、だんだんその気になるんですよ。フツーの、どちらかといえば体力のない自分が、セルフイメージを変えたら、どんどん気力がわいてきて肩書きにふさわしい人物に近づいていった。それは、想像以上の変化だった。

新たなセルフイメージを作りだそう

ステップ
1

第1の習慣、第2の習慣で明確になったあなたの目標が、いとも簡単に実現できる肩書き（セルフイメージ）をつけよう。仕事、趣味、家族など、さまざまなシーンでのいろんな肩書きを考えてみよう。

新たなセルフイメージを作りだそう

ステップ
2

さらに徹底するのであれば、ステップ１で書いた肩書きにふさわしいのは、どんな服装、髪型、持ち物か？　ひとつでもいいから、自分の外見を変えるところから始めてみよう。

第❹の習慣 非常識的情報獲得術

Comic ④
マイナス思考は情報収集で吹き飛ばせ

久しぶり実家に帰りました
エミありがとう
母さんお誕生日おめでとう
まあ♥きれいなお財布
もしかして例のお店の？
ふふけっこうファンがいるのよ
数は少ないけどリピーターもいるし
エミがイキイキしていて母さんもうれしいわ
うん
順調なのね？
すっごく楽しい
ただもう少し
品数増やしたり広告打ったりしたいの
ねェ母さんあたしの仕送り結婚資金に積み立ててくれてるって言ってたよね
アレ少し貸してもらえないかな

売れたら倍にして
エミ……ごめん
あの口座父さんに見つかってしまって…
え
父さんひどいわ！
あたしの結婚資金
うるさいだまれ！
隆士の家の新築費用に使うなんて！
結婚しない娘の結婚資金なんて積み立ててもムダだろう！
隆士は跡取りだぞ！嫁の実家の手前もある！おまえが祝い金くらい出すのは当然だ！
な…

父さんはいつもそう！あたしはどうでもいいの？
フン
ジャキ
ジャキ
結婚もせず家を飛び出した娘など知らん！
いいか隆士に迷惑かけたら許さんぞ！
メイワク…
悔しい！悔しい！悔しい！
なんで認めてくれないの!?
せっかく前向きな気持ちになったのに
実家なんか行かなきゃ良かった…
はぁ…
ねェ恩田さん
三上君？
ちょっと見てほしいんですけど
このネットショップ

あっ！
この「MIA」ってショップ恩田さんでしょ？
たまたま彼女のプレゼント探してたら見つけたんすよ
恩田さんぽい作りだなーって思ったらやっぱりそうだった
住所も同じだし
ニヤーー
いいんすかねー
会社に明確な規定があるわけじゃありませんけど
困りますねー
会社のほうをおろそかにされますとねェ

おろそかに
なんてして
ません
してるか
してないかは
ボクが判断
します
ニヤ
ニヤ
仕事の妨げに
なるなら
どっちか選んで
もらいます
!?
どうしよう
……
ネットショップは
楽しいけれど
まだもうけは
微々たるものだ
辞める?
辞めない?
やめる?
やめない?
ガタン
ゴトン
ガタタン
会社を辞めたら
暮らせない
フリーになれば
給料は半分だ

人間はぼーっとしているとついつい否定的に物事を考える生き物だ
はあ……
なんかため息しか出てこない
ああ吉川君からメールだ
来月 東京に行くことになりました
東京のデパートでやる物産展に商品を出せることになったのでエミさんもきて〜
やったじゃん
ああそうだ「ゆず味噌」がテレビに取り上げられたんだよね
いーなァ吉川はそれに比べてあたしは…
ガタン
いかんいかんまたグチだ
ゴトン
だからなにも工夫しないと「疲れた」「困った」とマイナスのことばかり心の中に浮かんでくる
ガタタン
こないだ送ったCD聴いてくれた?
成功してる人の話って元気が出るよ
CD…あっそうだ
今までの3つの習慣であなたは必要な情報をキャッチするアンテナを持った

そうそう
これ 忘れてた
しかしその
アンテナの前に
情報がこなければ
どんなに高性能の
アンテナでもガラクタだ
電車乗ってる
間も勉強
できるもんね
情報量を
増やすには
3つの方法が
ある
ビジネス
セミナーに
行く時間が
ないから
助かるんだ
本との出会い
人との出会い
そして
テープ（CD）との
出会いだ
もちろん
音楽のCD
じゃなくて
成功した経営者や
優秀なコンサル
タントの話のCD
いわゆる
ビジネスCD
CDを聴くと
情報量が増える
だけでなく
時間も増える
往復2時間の
通勤時間が
勉強時間に
なるんだよ
そっかぁ
月商300万
目指すなら
スタッフ1人
雇うべき？
ヒット
商品も
必要かァ

ガタン
テープ(CD)を聴くと発想力が高まりどんどんアイディアが出てくる
それは心の中で回っている「マイナス思考のテープ」を打ち消すことができるからだ
ゴトン
成功者のポジティブな声を聴けば自分のマイナス思考の声は聞こえなくなり前向きなアイディアが出やすくなる
読まなければならない本もたまってるし
フォトリーディング(速読法)習ってみようかな
発想力と行動力は入手する情報量すなわち勉強量を増やしてこそ高まる
落ち込んだり心配してる暇はない!
今は前に進むだけ

絶対なにか方法があるはず！
よオ！エミちゃん
ちょうど良かった
ああ 大原専務 お久しぶりです
君に話があったんだ
話？
ちょっといい？

中川君と あまりうまく いってない みたいだね
すいません
いや オレの 責任でもある
彼君の転属を 再三願い出て いてね
自分と同い年の お局がいたんじゃ
確かに やりにくい でしょうね
なあ エミちゃん
今社内起業の 話が出てるんだ やってみないか?
社内 起業?

針のムシロだろ？企画出してみろよ
でもなんであたしに？
失敗したらクビ？
うーんまあそう取られても仕方ないが
エミちゃんには若い頃の借りがあるからなァ
でもチャンスはある！
わかった！企画出す！
6F イベントフロアー
秋の全国大物産展
善光寺 おやき
加賀百万石 ごり佃煮
加賀百万石
海産

えーと
花村《はなむら》農園
だっけ？
ザワ
ザワ
人が
多いなァ
ガヤ
ガヤ
エミさん！
エミさん！
こっち
こっち！
あのォ
どちらさま
ですか？
え…
ジロ
ジロ
オレだよオレ！
吉川！
髪変えたから
わからない？
ウソ！
まるで
社会人みたい！
まあ
一応社長
だしィ…30だし

エミさんも見ちがえちゃったよォ
えへへー オレのためにキメてきてくれたのォ?
バーカ バージョンアップしたからよっ
あははーだよなー
でもちょっと吉川君見直した
こんなに男前だったっけ?
ホント良かったね ゆずみそが評判になって
今話題の バーチャンの ゆず味
うん バーチャンさまさまだ
ワイワイ ガヤガヤ
すごいけっこう並んでるね
いいなあ 吉川君のところは順調で
それよりこれ試食してみてよ!
え?
ジェラート作ってみたんだ
エミさんに味見してもらおうと思って持ってきた
トマトだろ?
柚子にサツマイモにみかんに

オイシイ！
地元の土産屋に出してみたんだけど評判いいんだ
エミさんのアドバイスのおかげだよ
吉川！これホントおいしいよ！
え？ホント？
お世辞じゃないよ！これいける！
うれしいなァ目標１コ達成だ
え？
いや独り言
おっ吉川社長その人がエミさんすか？

ぬっ
こいついつも
エミさんエミさん
うるさいんすよ
こんな美人さん
東京に残してきたら
確かに心配っすよねー
な…
バ…ババ…バ
バカなこと
言うな
失礼
だぞっ
エミさんはなー
オレの「心の同志」
なんだっ！
お客が
見てるから
やめなさい
ギリ
ギリ
へっへー
テれてやんのー
そうか
社員はみんな
幼馴染みだっけ
クス
久しぶり
吉川君に会って
なんだか気持ちが
温かくなりました
ガタン
ゴトン
ガタタ

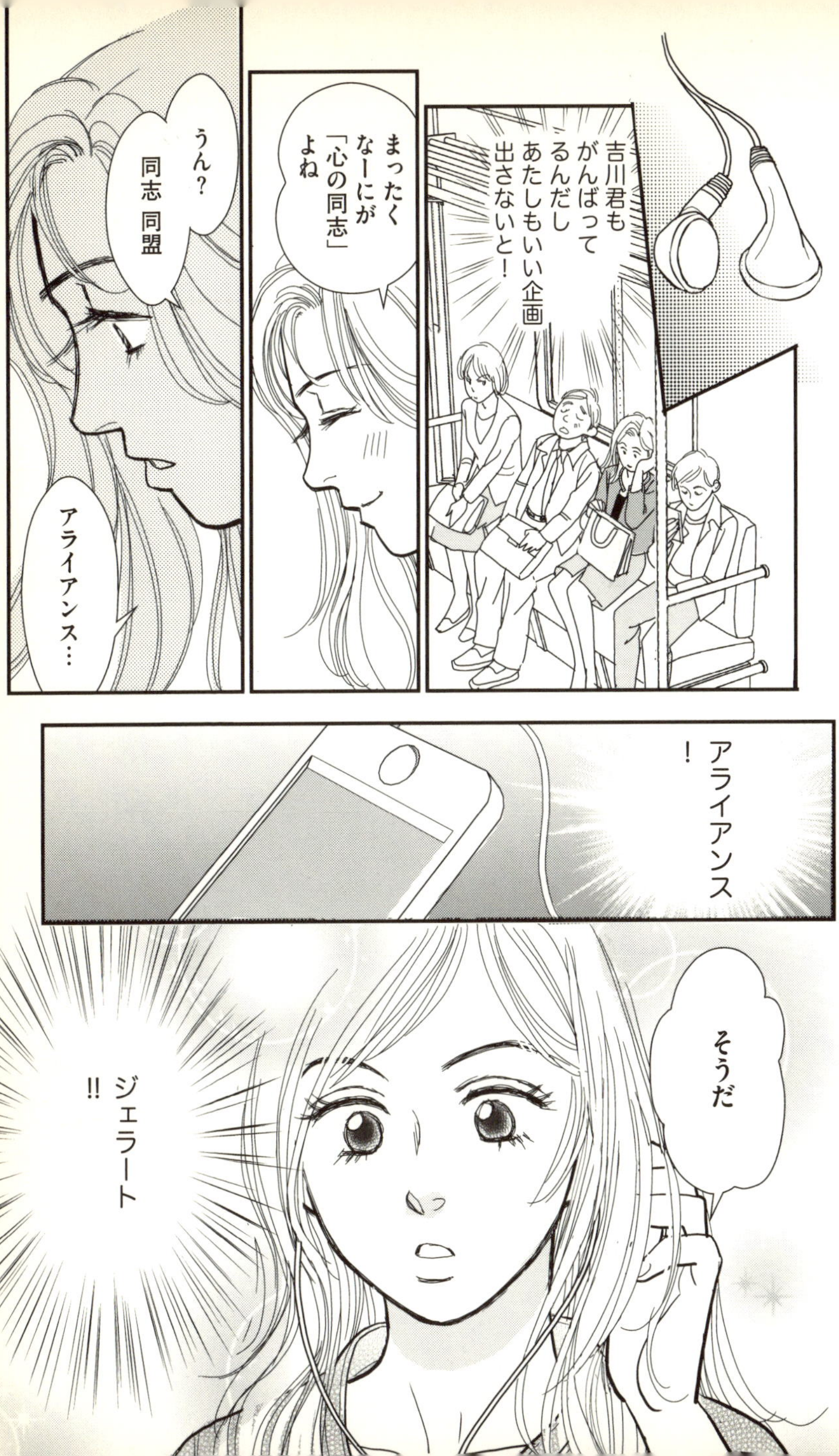
吉川君も
がんばってるんだし
あたしもいい企画
出さないと！
まったく
なーにが
「心の同志」
よね
うん？
同志 同盟
アライアンス…
アライアンス
！
そうだ
ジェラート
!!

第4の習慣　非常識的情報獲得術

●成功者に共通の情報収集術

私は、今まで多くの成功者に会ってさまざまな話を聞いてきた。その人たちのほとんどが、「経営には天賦の才能が必要で、後天的になんとかなるものではない」と言う。天賦の才能＝センス。いや、まいった。センスなんて言われたら、たまったものじゃない。「選ばれし者だけが、成功できる」と言われている気がしてくる。「凡人は、努力してもムダ」ってこと？　と、たじろいでしまう。でも、心配はない。そんな通説にとらわれなくていい。

「経営はセンス」と答えた経営者たちに対して私は、さらに次のように問いかけてみた。「では、どのようにしてそのセンスを磨いたのですか？」とね。すると、ある共通点が浮かび上がった。それは、「大量に本を読んでいる」ということ。

最近の研究で、「センスは、情報量に比例する」ということがわかってきたという。ということは、大量の情報を得られる環境に身をおけばいいのだ。たとえば、目利きの骨董商は、幼い頃からたくさんの本物に触れることで、センスに磨きがかかる。また、伝統芸能の世界では、物心つくかつかないかのうちから、美しい形を身体にたたきこむ。こうして、大量の情報にさらされることで、成長は促される。つまり。何が言いたいかというと、「凡人だからと諦める必要はない」ってこと。大量の情報をキャッチして、適切な処理能力を身に着ければ、強力な武器になる。

うん。これなら私にも思い当たる。私は元々役人だったから、独立当初、経営者的センスは皆無に等しかった。だが、あるときを境に、次々とアイディアがわき、行動力も高まった。今振り返るとそれは、主に3つの出会いによってもたらされていた。

●オーディオ学習の効果

1つめは、先ほど述べた経営者たちと同様に「本との出会い」。2つめは「人との出会い」。自らアポを取ったり、人を頼って紹介してもらい、自分のお手本となるような人に接する機会を増やした。そして3つめが、「オーディオ学習との出会い」だ。

オーディオ学習とは、成功者の講演やコンサルティングのノウハウ、勉強法、思考法などを音源から学ぶものだ。私の時代は、カセットテープが主流だったが、今は、ＣＤやデータファイルになっている。スマホに入れておけば、いつでも聞けるから、とても便利だ。一般には馴染みが薄いかもしれないが、起業家の間ではオーディオ学習が常識になっている。意外と知られていないのは、あまりにも効果があり過ぎるから、みんな秘密にしておきたいのかもしれない。

知識には、「ただ単に知っている」という段階と「行動につながる」段階がある。たとえば、「テニスがうまくなりたい」と思った場合、一度レッスンを受けたくらいでは上達できない。適切に身体が動かせるようになるまで、繰り返し練習するから上手くなる。経営も同じだ。本を一度読んだだけ、講演を一度聞いただけでは、行動を変えるまでには至らない。ところが、繰り返し読んだり、聞いたりしているうちに、その知識が自分のものになり始める。それまで考えもつかなかったアイディアが浮かんだり、「次は○○をやってみよう」と意欲がわいてきたりと、行動に好影響を与える。

オーディオ学習は、単に知識が増えるだけではない。あなたの貴重な時間を増やすのにも役立つ。「時間が増える」とは、どういうことか。それは、次のように説明できる。たとえば、通勤時間を利用する。仮にそれが2時間だとしよう。すると、1週間で10時間も勉強できる。月で40時間、1年だと480時間だ。1日8時間働く人なら、なんと、2カ月間もしっかり勉強できる計算だ。今まで何げなく過ごしていた時間が、耳にイヤホンを入れるだけで、極めて生産的な時間に変わる。そうやって有益な情報を繰り返し聞くうちに、あなたは一歩、また一歩と成功に近づく。

●究極の勉強法「フォトリーディング」

「大量の本を読めばいいのはわかっていても、なかなか実行できない」「本を読み始めると、眠くなる」という人も多いだろう。何を隠そう、私がそうだった。そんな人には、とっておきの方法がある。それが、「フォトリーディング」だ。

これは、アメリカで開発された速読法で、その名の通り、文章をパパッと写真を撮るかのようなスピードで読み取るのが特長だ。単なる速読法とは異なり、情報処理能力が飛躍的にアップするので、多くの著名人が実践している。「読書が苦手」という人は、積極的に試してほしい。脳の働きにそって開発されたシステムだから、コツさえつかめば誰でもできる。残念ながら本書で紹介するにはページ数が足りないので、詳しくは私の公式ホームページをご覧いただくこととして、ここでは概要を紹介しよう。
フォトリーディングは、正式には「フォトリーディング・ホールマインド・システム」と呼ばれていて、5つのステップで構成されている。

ステップ1【準備】 読書効率アップのために、目的を明確にして集中できる状態を作る。

ステップ2【予習】 全体に目を通し、読むに値するか大まかにジャッジする。

ステップ3【フォトリーディング】 リズミカルにページをめくり、本の情報を写真撮影のように脳に写し取っていく。テキスト情報ではなく、画像イメージとしてとらえるような感覚で行う。

ステップ4【復習】 重要なキーワード（＝トリガーワード）を抽出し、筆者への質問を作成する。一方的に情報を受け取るだけでなく、「質問＝得たい情報」を探すという能動的な行動が、本当に必要な情報に素早くアクセスする能力のアップにつながる。

ステップ5【活性化】 ステップ4で作成した質問の答えを釣り上げる。「スーパーリーディング&ディッピング」や、スピードに強弱をつけながらリズムカルに読む「高速リーディング」などの手法で、要点をしっかり把握する。既存の知識と新たな知識

が結びついて、発想力や想像力を広げるのにも役立つ。

フォトリーディングをマスターすると、読書だけでなくさまざまなシーンで応用がきく。プレゼン資料の情報収集、資格取得、データ分析、日常業務におけるメールの管理など、文書を難なく読める、素早く情報を把握できる能力がもたらす効果は、想像以上に大きい。目標達成までの時間が、大幅に短縮できる究極のツールだ。

●人付き合いの環境整備

第4の習慣の最後にもうひとつ、「人との出会い」について話そう。

アメリカのある研究で「何が成功につながったか」について調査したところ、もっとも大きな要因にあがったのが「どんな人と付き合っているか」だったという。要するに、「失敗した連中と付き合っていると失敗する」「お金持ちになりたければ、お金持ちと付き合うことが重要だ」というわけ。

別に、何も不思議ではない。脳のしくみや行動学の観点からも、説明はつく。脳は馴染みのある情報に惹きつけられるからだ。たとえば「不況だ」「景気が悪い」と話してばかりいるグループに参加していると、自分の思考も「不況だ」というほうに傾く。これが、実に厄介。「不況なんだからしょうがない」という考えに支配されたら、どうなると思う？　なんと、無意識のうちに不況であることを証明しようとして、マイナス面にばかり目が向くんだ。これでは、どんなにポジティブな人でもまいってしまう。

逆に、「2週間で目標の売り上げ1000万を達成しました」「キャンペーンの企画がヒットして、売り上げ倍増」などの成功体験を話しているグループに属すると、成功や可能性を当たり前のこととして、信じられるようになる。自分自身に「どうすれば、利益があげられるようになるか」「自分ならどうする」と問いかけ始める。こうなったら、しめたもの。その答えを探そうとして、思考や行動が活発になる。「ふだん話していることが、そのまま現実になる」という法則には、こうした理由がちゃんとある。

成功するためには、人付き合いの環境も整えよう。否定的な会話をする人とは、恵美のように距離を置く。「ダメ」「できない」「難しい」「わからない」が口癖の人は、積極的に遠ざけて良し！　単純に「人脈を大切にすれば成功する」なんて大嘘。「優れた人との出会いを大切にしよう」というのが、正解だ。

第5の習慣 殿様バッタのセールス

Comic 5
「悪女」になって、愛される

社内起業の選考で私の企画が採用されました
「本場イタリアの職人にオーダーできる！イタリア革雑貨ショップ」がお店の肩書きです
マリア達もやる気満々です
集客はECサイト・SNS・リアル店舗の3本立てで行います
リアル店舗では革製品と一緒にジェラートを販売します
TTERIA MIA ITALIA
色鮮やかなイタリア革と色とりどりのジェラートそれがお店のイメージです

ジェラートはもちろん吉川君の会社との提携です
アライアンス！
ジェラートは歩きながら食べるので
なに？アレジェラート？
おいしそう！
あっちのほうにお店あるの？
すいませーんそのジェラートどこで売ってるんですかー？
それを見たお客を次々と呼んでくれます
お店の立地を東京近郊の海に近いK市にしました
地元客以外に観光客も呼び込めます

K市は
外国人の観光客も
多く訪れます
外国人向けに
和柄の小物を
マリアたちに
オーダーしました
キモノ
キモノ!
きれーい!
創作意欲
わくー♡
日本文化
オタクの
マリアは
大喜びです
これ日本製?
それともイタリア製?
ああ こちらは
小紋・友禅といって
日本の伝統的な
柄なんですが
きれいだけど
日本にきて
イタリア製じゃねェ

fatto in Italia
GUILD
なめし方の違いで
この色はなかなか
日本の革では出せません
ですから日本と
イタリアのコラボ
商品です
OH!
これ
ハンコ♡
ハンコケースに
入ってるんだね
お名前
彫れますよ
日本のハンコ
面白いよね
姪のお土産に
したいわね
外国の名前も
作れるの?
時間
かかる?
お散歩の間に
作れます
この街のハンコ職人と
提携しております
いらっしゃい
ませー
海に近いK市
ならではの商品
として革の
ビーチサンダルも
作ってみました

あら そのビーサン かわいい♡
ハイ ウチの オリジナル 商品です
店員さん みんな色違いで はいてるのね
うわー 色きれーい
同じ物は 1つとして ございません
海辺で 映えそう
ええ 歩きやすい ですよ
革も とっても 柔らかいし
MIAは こんなカンジで 動き始めました
うわー すごい 行列だなー
PELLETTERIA MIA ITAL

あっ吉川君
いらっしゃい！
ゴールデン
ウィークとはいえ
すごいお客さん
だな
吉川君の
ジェラートの
おかげよ
ジェラートの
ついでに
お店ものぞいて
くれるの
そうそう
これ新作の
ジェラート
スイカに
カボチャ
試食してみて
！
どう？
うん
おいしい！
ほのかに甘くて
さっぱりしてて
真夏向きね
Hanamura Farm
Gelato
チラ
チラ

新作だって
いーなァ
あの！あたしたちも一口食べてみたい！だめですか？
え？
いーよいーよ君たち高校生？
ハイ
どーぞ！試食用
食べたら感想聞かせてね参考にするから
ありがとー♥
やったー
あー待って待って
先に写真とらせて！部活のみんなに自慢するんだから！
みんなここのジェラート好きなんだよー
STAFF ROOM
店長ホントに夏のセールやらないつもりですか？

お客入ると思うんですけど
へーセールしないの？
まあね
だって
彼氏からプレゼントされたものがセールになっていたらいい気分する？
大切な品だからこそ安売りしないって考え方もあっていいじゃない
品質には自信あるもの
10年使うとしたらかえってお得でしょ？
確かに安売りで買った品は大切にされないかも
なるほど「殿様バッタ」のセールスだな
「殿様バッタ」ってなんですかァ？
ふふ
それを待ってるの

若い女の子の行列
外国人客の喜ぶカオ
それに浜辺の素足
きっとどれかが引き寄せてくれるはず
引き寄せるって…
ネット販売が最も重要です
ルルルル…
ハイ! イタリア革雑貨ショップＭＩＡです
えっ?
あっ そ そうです
あの ウチをですか? ちょ…ちょっとお待ちください

店長！
地元のKNテレビが
外国人客の
インタビューを
したいそうです！
きた！
大勢の
ネット検索に
かかるには
話題が必要です
雑誌 テレビで
取り上げられれば
検索数は
飛躍的に増えます
ETTERIA MIA
KNTV
さすが
テレビですねー
アクセス数
倍増ですよ
営業には
マーケティングと
セールスという
2つの段階が
ある
ホームページ
英語版作っといて
良かったね
外国人観光客を
取り上げるテレビ番組
多いものね

おかげでいい宣伝になりました ジェラートやサンダルの注文がたくさんきてます
ホントね
マーケティングとは優良な見込み客を営業マンの前に連れてくること
プルルル
はい MIAでございます
MM商会の古沢《ふるさわ》という者だがウチの社のことは知っているかね？
ハイ もちろん存じ上げております
セールスとはその見込み客を営業マンが成約すること
卸売業者さんね
とりあえずだね
テレビに出たお宅の品物100取り寄せようと思うんだが
100!?

下代の8掛けでどうかね？来月までに納品してもらいたい
店長やりましたね!!
古沢様大変申しわけないのですが
当店の品物はすべて手作りですのでお値引きはしておりません
今月は他社様からもご注文いただいておりますので
えっ？
来月からの制作になりますがいかがいたしましょう？
むむ……
ガチャ
店長！いいんですか？100なら在庫あるのに
大量発注ほしいって言ってたじゃないですか
いいのよ
にっ
これが「殿様バッタのセールス」よ

そういや こないだも「殿様バッタ」って
なんですか それ？
効果的なセールスを行うためにはお客を説得するより見極めることがカギになる
じゃあ MIAには ちょっと悪女に なってもらうわ
マーケティングで集めてからセールスで切る これを「悪女の法則」と呼ぶ
悪女 ミアちゃん？
悪女はまず気があるようにふるまって男の気を引く
おっオレに気があるな
ハーイ♡
悪女の法則
つきあって——♡
束縛しないで
フン!
ところが男がアプローチすると冷淡にあしらう
すると男は一層恋に燃え上がるという寸法だ
ぜったい モノにしてやるぜっ
お客も同様 MIAはTVやネットの評判でお客を集めたでしょ？ でもたくさんのお客を追いかけるばかりじゃ逃げられる
なるほど！

セールスは購入する確率の高い客を見極め買う気のない客を切ることが大切
くるっ
別にBFには困ってないしィ
まいいや彼女いるしィ
木下に君が好きなんだ
アラ本気なのね♡
本当に買いたい客は「別に買わなくともかまわない」と示されると買えなくなっては困るので「今すぐ買う!」とアピールし始める
そっかあ買う気のないお客に使う時間がもったいないですよね
「売ってくれ」ってお客しか相手にしないなんて殿様商売ですね
でもやっぱりさっきの100個もったいない気が…
やっぱり値引きはダメですか?
ふふ まあね
ミカちゃんあたしねこの仕事を始めようと思った時
決めたのよ
「やりたくないことはやらない」って

理不尽な
上司にペコペコ
するものか！
自分の心を
壊してまで
頭なんか
下げたくない！
嫌いな
クライアントの
ワガママなんか
聞くものか！
人にお願い
し続けて
終わる人生もある
あたし
自分を安売り
することは
もうしたくないの
私はこれを
「こめつきバッタの
人生」と呼んでいる
店長……
私も昔は
「こめつきバッタ」だった
今 自分は 本当に自分に
ふさわしい客に
120%エネルギーを
投入する
多くの人は
売りたいがために
自分を安売り
してしまう
でも安売り
すればぞんざいに
扱われてしまうのよ

そう覚悟した途端「殿様バッタ」に変わった
なんか恋愛と似てますね 愛される女は自分を安売りしない
そんな恋愛してみたいですねェ
ホントねェ
ま ホントにほしければまた電話くるでしょ
数が少ないとなれば 他社には取られたくないでしょ?
プルルル…
はい あぁMM商会様
少々お待ちくださぃ店長の恩田にかわります
一度殿様バッタの人生を経験するともうこめつきバッタには戻れない
パン!
やった!
やった!

第5の習慣 殿様バッタのセールス

●殿様バッタのセールスとは

あなたは、第1、第2、第3とそれぞれの習慣を通じて、必要な情報を瞬時にキャッチできる高性能なアンテナを装備した。しかし、どんなに優れたアンテナを持っていても、情報が流れてこなければ役には立たない。単なるガラクタだ。

そこで、第4の習慣では、あなたをガラクタにしないために、3つのテクニック、「オーディオ学習法」と「フォトリーディング」、そして「人付き合いの環境整備」について述べた。これらは、あなたの行動を後押しするのに役立つ情報をインプットするための手段である。

しかし、目標を達成するためには、情報を単にインプットするだけでは、意味がない。アウトプットに役立ててこそ価値が生まれる。よって、第5章の習慣では、「あなたをいかに高く売り込むか」について話そう。

まず恵美が行った「殿様バッタのセールス」について簡単に説明しよう。セールスには、大きく分けて次の2つのスタイルがある。

①こめつきバッタのセールス＝相手に頭を下げまくるセールス法
②殿様バッタのセールス＝相手から「お願いします」と頭を下げられるセールス法

多くの営業マンは、①のスタイルで「NO」と言っているお客に「YES」と言わせるためにトークを駆使する。しかし、凡人にはこれがなかなか難しい。たとえば、自分が何かを売られる側になったときのことを考えると、わかりやすい。欲しくないタイミングで、欲しくないものを売られたらどう？　できるだけ早く営業マンを追い返したくなるに違いない。説得が長くなればなるほど、「うっとうしい」と感じるはずだ。また、営業マンの側も欲しくない客に、懸命に頭を下げ、挙げ句の果てに断られてしまっては、エネルギーの損失だ。そんなことを繰り返していては、効率が悪い。

一方②のスタイルは、相手にペコペコ頭を下げる必要がないから、極めて省エネ。なぜなら、YESのお客にターゲットを絞れるからだ。NOのお客を説得するのは大変だが、YESのお客はその手間が少なく、余裕ができる。名付けて「殿様バッタのセールス」。これで、商談成立に至るまでの過程を大幅にショートカットできる。

●できるだけ早く「NO」の返事を得る

殿様バッタのセールスの基本は、「NOのお客にムダな時間を使うな」だ。実はこれ、ちょっと考えれば当たり前のことなので、「なーんだ。そういうことか」と、納得できるはずである。

たとえばあなたが車のセールスマンで、目の前に100名分の資料請求者リストがあったとする。そのうち、「今すぐ車が欲しい」と考えている人が5人いると仮定しよう。そこで、1~100まで順番に一人ずつ丁寧に説明するのが、先ほど紹介した①（こめつきバッタのセールス）だ。もし、「今すぐ車が欲しい」という人が、後半の96番目以降にいたらどうなる？　それまでの95人に対するエネルギーは、まるまるムダってことになるよね。

しかし、②（殿様バッタのセールス）は、まず相手に買う気があるかどうかを先に探る。なぜなら、100人中95人に断られるんだから、NOと言われる可能性のほうが確実に高い。そのほうが、短期間で結論を導き出せる。

●相手に「売ってください」と言わせる

相手の「YES」を引き出すため、不特定多数に向かってエネルギーをフルに注ぐよりも、やすやすと「NO」と言わせておいてから、「YES」の相手に丁寧な営業をするほうが、効率的だと理解できたはずだ。つまり、「営業マンがお客を説得する」のではなく、立場を逆転させて「営業マンがお客を断る」側になればいい。

それと同様に、自分にとってふさわしくない客（＝嫌な客）は、断っていい。自分が嫌だなと思う客と、気乗りしないまま取引を続けると、一時的には利益を得られるかもしれないが、長期的に見ると損害のほうが大きくなる。私の経験からいっても、精神的なダメージは、自分が見積もっているよりもはるかに高く、じわじわと生産性を低下させる。

営業は、誰でもお客にするつもりで飛びついてはいけない。自分にふさわしい相手かどうかを見極めて、利益に結びつけよう。そこで役立つのが、第1の習慣だ。「やりたくないこと」をリストアップしたように、「付き合いたくない客」を明確化する。これを曖昧にしておくと、時間とエネルギーを浪費してしまう。たとえば、私の名刺には、「クライアントを選びます」「常識にとらわれず、革新を求める方のみご連絡ください」などと、かなり高飛車なことが書いてある。非常識でしょ？ でもね。この名刺を手にした見込み客は、「是非、うちの会社を見てほしい」と真剣に依頼してくる。こんな話をすると、「それは神田さんが、有名だからでしょ？」と思われるかもしれないが、私は、客が一人もいないときからこれでやっている。頑張って、安売りせずにお客を断ってきたのだ。だから、いいクライアントに巡り合えた。

実はこれ、コミックで恵美たちが言っているように、恋愛のテクニックにも通じる心理だ。不特定多数の相手に向かって、「誰でもいいから付き合いたい」なんていう人と、あなたは付き合いたいと思う？ それよりも「あなただけを大切にしたい」って人を選ぶはずだ。ビジネスも同じ。相手の無理難題に付き合って疲弊していくのは、賢いスタイルじゃない。冷やかし客との商談は、あたかも仕事をしているような錯覚に陥るが、利益にならない。時間もエネルギーも、限りある大切な資源だ。ならば、本当に自分を必要としている人に対して、惜しみなく使おう。そのほうが、お互いにとってプラスになる。

第6の習慣 お金を溺愛する

第7の習慣 決断は、思い切らない

第8の習慣 成功のダークサイドを知る

Comic 6
光と影を歩く

夏を迎え
話題のお店
ビーチサンダルやオリジナル小物がファッション雑誌に取り上げられてMIAは順調に伸びてます
店長
B商事からまた注文です!
すごい! ウォレットとバッグ合わせるとかなりの額になりますよ
やったね!
入金は3カ月後だから豪勢な忘年会やろう!
店長はすごいです! やっぱ見る目がちがうんですねェ
やーねェ
革製品が好きなだけなのよ

来週は雑誌の取材ですね なに着ていくんですか？
〝新進女性起業家〟の特集でしょ？
うふふ ワンピース買っちゃった 少し奮発しすぎたかな
ごほーびですよ！ごほーび！
あたし がんばったよ 父さん
だよねー
少しは認めてくれるよね？
まあ！雑誌にのるの？あなたが!?
うん 出たらこっちにも送るね

いーわよ こっちの本屋で 買うわよ 自慢しなきゃ
なんか テレちゃうなー
好きなこと してただけなのに お金まで もらえちゃう なんて
フン
おまえに 商売なんぞ できるわけが ない
さっさと やめたほうが 身のため だぞ
お父さん たら！ エミはがんばって るんですよ
少しはほめて やっていださいな
ガチャン！
女の腰掛け 仕事で なにができる
調子に 乗るな
父さん ……
借金 こさえるような ことになったら 縁を切る からな

どんなにがんばっても父さんは認めてくれないの!?
……やっぱりね
MIA
お色ちがいだとこれが
あらそれもいいわね
店長!
店長大変です!
ちょっと事務室のほうにきてください!
どうしたのミカちゃん青いカオして
B商事が不渡り出した!?

B商事が不渡りなんてウチの一番の納入先よ！
今月の入金がないので確かめたら
そんな……
じゃあ今月どころか来月もこないだ納入した分も…
ウチの支払い足りるの!?
ダッ
ともかくB商事行ってくる!!
店舗の家賃工場への支払いスタッフの給料次の仕入れ……
ドンドン
おーいシャッターあけろよー
ガンガン
社長出てこーい説明しろー
ワイワイ
あのっホントなんですか?!
お宅も売掛取りはぐれたの？

どうやら会社更生法の適用になるみたいだよ
返ってくるとしても半分かなそれも何カ月も先だろうし
そんな…何カ月って…
自分の預貯金と生命保険の解約銀行に融資を頼み……
ハッ
支払い…!
一番の得意先のB商事の倒産はとんでもない痛手でした
ともかくお金かき集めなきゃ!
銀行…
あたし貯金いくらあるの?!
恩田さん今日はよろしくお願いします
カメラさん先にスナップ撮りましょうか

あらためて東都《とうと》経済ジャーナルの三田《みた》です
起業して1年もたたずの成功すばらしいですね
成功なんてテレますわ
ステキなお洋服ですね恩田さん
やっぱりイタリア製ですか？
ええええ戦闘服ですから買う度に意欲がわきます
やっぱりそれが短期間で成功した秘訣ですか
ええええそうかもしれません…
てかあたし
ただ今無一文なんですけど…
このワンピースもネットオークションで売らなきゃ…
タラー

父さんの言うとおりだったわ
あたしの考えが甘すぎた
今日はどうもありがとうございました
いえいえこちらこそ
ワンメータでおろして！
スタッフや工房の人の生活も全部あたしに責任があるのに
好きな仕事をして楽しくもうけるなんて…
浮かれていた罰だ！
つ専門店
とんかつ
久しぶりになにかごちそうしようと思ったのにホントにトンカツでいいの？
ぜひともトンカツがいいの！

オイシー ほっぺた 落ちるー
ンカツ
ムグムグ
やっぱ お肉って サイコー♡
毎日 納豆ばかり じゃ… おっと
毎日 納豆?
ゴホン
あぁいや
ちょっと ダイエット 中なの
パッ
ダイエットに トンカツは マズイっしょ
あっ 待って あたしのお肉
聞きましたよ エミさん 今大変なん でしょ?

なんでオレに相談してくれないの?

ウチの支払いなんかあとでいいのに
いくら都合つければいいの?

だめ!

あたしの責任なの!

自分で乗り越えなきゃいけないの!

父さんにそれ見たことかって鼻で笑われる!!

エミさん…

エミさんオレが田舎に帰ること決めたわけわかる?

グチを聞く代わりに酒をおごってもらうだけの頼りない後輩をいつまでも続けたくなかったんだ

オレ
いつかエミさんの力になれる男になりたかったんだ
なんとなく彼の気持ちはわかっていた
吉川君……
エミさんがオレのことなんとも思ってなくてもかまわないんだ
でも自信がなかった
エミさんの力になれることがオレの目標だったんだから
父親にすら
う……
愛されない娘だったから

ギョッ
エミさん？
ポロ
ポロ
ポロ
うう
うわっ
泣くほど嫌い？
ごめん 忘れて
……
…いな
わけない
じゃない
……
大事にされる
ってなんて
心地いい
え？
なに？
ウワーン
なんで
トンカツ屋で
そんな話
するのよーっ

あれから数カ月
PELLETTERIA MIA ITALIA
さすがクリスマス前ですねギフト商品が順調です
冬物商品のあったかスリッポンも好評ですし
ファッション誌が取り上げてくれたのが良かったね
売掛金の半分は戻ってくることになり売り上げも順調なので吉川君への返済のメドもたちました
店長なにやってるんですか？
お金のにおいをかいでるの
ああ幸せと安堵のにおい……

お金は大事って頭ではわかってたんだけどね
お金をコントロールするための3つの原則がある
①お金に対する罪悪感を持たないこと
お金お金言うのってはしたないし…
もじもじ
こんだけもうけさせてもらったんだから少しは値引きしたほうが……
罪悪感を持っていたら絶対もうからないもうけ始めたとたん自分にストップをかけてしまう
給与は「もらうもの」じゃなくて「稼ぐもの」自分で年収を決めその額を超えるような仕事をすればいい
もっとほしいけど平均的だからしょーがないかァ
給与
年収300万じゃあんまりやる気おきないけどォ
②自分の年収は自分で決めること
③お金が入ってくる流れを作ること出ていく流れを作らないこと
しまったカード使い過ぎた……
通帳
来月 入金より引き落としのほうが上回る……
お金はさびしがりやお金はお金がたくさんあるところに集まるとにかく増える流れを作れ使っちゃいけないのではなく余った分を使えばいい

お金がすべてではないがお金を否定しないでほしい
ポリ
ポリ
心のどこかでいいモノを作ればお金はあとからついてくるって甘く見ていたのね
スリスリスリ
これからは肝に銘じて「お金を溺愛」するわ
溺愛するのはお金だけでいいんですか？
にーっ
ななにをまた
店長 お金もさびしがりやかもしれませんが男も同じです
吉川さんお元気ですか
んもうからかわないでっ
うーん確かに危機を脱したにおい
もっともっと稼ぐわよっ
あなたもお金を肯定するところから始めてほしい

危機を脱したMIAは順調に伸び
やったね　これからはオーナー社長だね
うふふ　まあね
元会社から残りの株も買い受けました
ねェねェ　あれMIAの新作じゃない?
色がきれいだよねー
いーなー　でも高いんだよねー
あたしたちに買える物ジェラートとスマホケースくらいだよねー
吉川君
あたしMIAのセカンドライン作ろうと思ってるの

セカンド
ライン？
一点物の
MIAとは別に
もう少し若い子が
手を出しやすい
価格帯で作ろうと
思うの
ああ
いいかもね
でね 渋谷の
ファッション
ビルから
出店の要請が
きているの
姉妹店
出さない
って
渋谷？
すごいじゃ
ない
向こうからの
要請なら
こっちにかなり
有利な条件に
してもらえ
そうだな
なんか
夢みたいね
ふと気がついたら
あたしたち
あの頃たてた目標
達成してたんだね
そうだね

吉川君……?
ああ飛行機の時間だ
え?もう?
またじきにくるよ
私たちの間には距離がある
そ…かわかった
一緒に暮らすどころか会うことすらままならない
じゃ
私たちは遠い未来のことは話さない
じゃ

PELLETTERIA MIA ITALIANA
結婚か仕事の二者択一をせまられるから
あの… 社長
お話があるんですけど
どうしたのミカちゃん
すいません 私
お店辞めようと思うんです
え? なんで? お給料に不満?
いえ!
お店もエミさんも好きです!
でも私 元々は食べ物のお店やりたかったんです
そろそろ夢に向かって踏み出さないと
年を取ってしまいそうで……

P.151、P.153図表：『Natural Brilliance: Move from Feeling Stuck to Achieving Success』（ Paul R. Scheele著 Learning Strategies Corporation刊）を元に作成

でもそれじゃ現在の「いい面」をすべて捨てなきゃならないし
将来の「悪い面」からくる不安は消えないよね
ええそうです だからムリヤリ自分を追い詰めようと思って
現在の「いい面」と将来の「悪い面」が自分を引き止めて前に進めなくなる
ミカちゃんの将来の「いい面」と「悪い面」は？
「いい面」は子供の頃からの夢が叶う…かな
「悪い面」は今以上の給料や待遇はもらえないかもしれない
現在では？
「いい面」は仕事も覚えたし人間関係も良好なのに捨てるのは惜しい
「悪い面」はこのまま年を取ったら夢を叶えられないかもしれない
じゃあ
こう考えない？

現在の「いい面」をどう残すか将来の「悪い面」をどう回避するか将来の「いい面」をどう最大化するか
良い面
悪い面
現在
将来
4つの箱のバランスを取って判断するの
今のいい面は捨てないいんですね
辞めるか辞めないかの二者択一ではなくて第3の道を探してみたら?
第3の道?
ミカちゃんあなた渋谷の姉妹店の店長やらない?
え?
あたしずっとそのつもりだったの
あなた接客業に向いてるもの
店長として経営や仕入れ 人事を経験してからでも遅くはないいんじゃない?
私が渋谷店の店長ですか………

夢だからってがむしゃらに進む必要ないいんじゃない？
もっと気楽に考えて
「今のいい面」を維持しながら「将来のいい面」を得るために
どうしたらいいかシナリオを作ってみなさいよ
シナリオ…
そうだ！店長！次は本格的イタリアンカフェとコラボしましょう
ガバッ
有機野菜のサラダやパスタ！私！勉強します！
う…うん
くす
どうやらもう一歩踏み出したみたいね
パチン
ふう……

……
二者択一ではなくて第3の道かァ……
今日は渋谷店のオープニングパーティーです
オメデトウエミさん!
こないわけないだろ?エミさんの晴れ舞台だ
吉川君!きてくれたの?
あらあたしじゃないわよ

ドキドキドキ
ああダメ
なんだか
心臓が口から
飛び出そう
です…
今日は
ミカちゃんの
晴れ舞台よ
まあまあ
これで心臓
飲み込んで
なんか
また忙しく
なりそう
だね
え…
そうね
…
成功すれば
するほど
私たちの距離は
離れていく
ともかく
オメデトウ
うん
ありがとう
いったい
どうすれば
……
バタバタバタ
社長！
大変です
祝 開店
祝 開店
どうしたの
？
ご実家からの
電話で

お父様が倒れられて今 救急病院に……
父さんが!?
エミさん すぐタクシー手配します!
いやオレが車出す
だめよ!
行けない! パーティは始まったばかりだしまだお客様にあいさつも
なに言ってるんだ
なんのためにミカちゃんがいるんだよ
社長 行ってください! 大丈夫! 任せてください!
でも…
エミさん
行くぞっ!
グッ
吉川君…

あたし……
行きたくない
……
どうしたんだよ エミさん お父さんだろ
あたしが行ったからって父さんが喜ぶわけでもないし…
どんなにがんばったって認めてくれない
あたしのことなんか…
エミさんはもう立派に成功してるじゃないか
エミさんまだそんなこと言ってるのかよ
あ……
ギュッ
ホントは見たくないの父さんの弱った姿なんか…

父さんには いつも大きな 壁でいてほしいの かもしれない
父を 喜ばせて みたかった
エミさん
ホント あたし子供 みたいだわ
父さん
まだ 間に合う？

第❻の習慣 お金を溺愛する

●お金をコントロールする3つの原則

起業家だけでなく、社会生活を営む上で、金銭教育は非常に重要な知識である。本当は、義務教育でもしっかりそれを教えるべきだ。

私は、MBAで得た知識はほぼ完璧に忘れてしまった。何も胸を張って言うことではないのだが、中学で習った二次方程式の解の公式を忘れたのと同じようなものだ。現実であまり役立たないから忘れる。

しかし、次に挙げる3つの原則は、もし、私が記憶を失うようなことがあっても、真っ先に思い出したい。それくらい大切な教えなので、あなたも是非、頭にしっかりと刻み込んでほしい。

①お金に対する罪悪感を持たないこと

②自分の年収は、自分で決めること

③お金が入ってくる流れを作ること（出ていく流れを作ってはならない）

●お金に対する罪悪感を捨てて、溺愛する

①お金に対する罪悪感を持たないこと

まずは、あなたが抱いているお金に対する否定的なイメージを払拭することから始めよう。

一般的には、お金にこだわる＝卑しい。お金にこだわらない＝清らか。というイメージがある。だから、「お金儲けに走ると自分が汚れてしまうのではないだろうか」という気がして、儲け始めても、罪悪感が邪魔して自分で自分にストップをかけてしまう。しかし、これではいつまでたっても今のままだ。稼ごうと決めたら、お金に対して罪悪感を持ってはいけない。たとえば、音楽家がいい演奏をしようってときに、罪悪感を抱くだろうか？　大工がいい家を建てようってときに、罪悪感を持って仕事できるかな？　それと同じように考えればいいのだ。お金を稼ぐプロに、お金に対する罪悪感は必要ない。今すぐ消し去ろう。

自分の手で、お金を稼ぐのは、尊い行為だ。稼げる能力がある人は、堂々と稼ごう。社長には、社員のため、さらには社員の家族のため、地元のために稼ぐという使命があることを忘れてはならない。

もうひとつ、お金に対して肯定的なイメージを持つのに有効な方法がある。それが、「お金を溺愛する」こと。

これは、私がたくさんのお金持ちと接して気づいたことである。お金持ちには、「お金が大好き」という共通点がある。「お金の向きを同じに揃えると、お金が増える」「預金通帳に欲しい金額を書いておき、毎日眺めていると実現する」など、普通なら、「冗談でしょ？」と笑い飛ばすようなことを、お金持ちは本当にやっている。それくらい、お金に対する愛情が深いのだ。

「私も、お金は大好き！」とあなたは言うかもしれない。でもそれは、お金で手に入るものが好きってことなのでは？　洋服や靴、バッグ、アクセサリー、旅行や食事、車、土地などなど。

ところが、お金持ちは違う。お金そのものが好きなのだ。お金のニオイや手触り、見た目など、お金そのものを溺愛している。だから、粗末に扱わない。お金を大切にすると、お金のほうから「あそこは居心地がいいぞ」と寄ってくるんだ。

●自分が欲しいだけの年収を得るには

②自分の年収は、自分で決めること

ひょっとしたら、「社長ならそれも可能だろうけど、自分はまだ起業してないサラリーマンだし、給与が決まっているから、ムリ」と、思っていないだろうか？　それは、今の地位や職業にこだわっているから、「できない」と思い込んでいるだけ。サラリーマンの年収が上がらないのは、給与を「貰うもの」と錯覚しているからだ。給与は「稼ぐもの」だととらえれば、自分の年収を自分で決められるようになる。

もしあなたが、「そうは言っても、今の会社じゃ絶対ムリだから」と続けるなら、私は問いたい。「そう決めつける前に、現状を変えるために、あなたは何かしてみたの?」「いくら成果を上げても評価されない場所で、一生を終えていいの?」と。ただし、この問いに対する答えは、熟慮の上で出すべきだ。「じゃあ、今すぐ転職しちゃえってこと?」などと単純にとらえてはいけない（その理由については、第7の習慣で詳しく述べる）。

では、私が②の原則に思い至ったある出来事について話そう。

私は役人をやめてから、アメリカのビジネススクールに留学した。入学当初は、MBAを取れば、就職には困らないとされていたが、卒業する頃にはバブルが崩壊し、就職口は激減していた。とりあえず就職はできたものの、年収は、見込んでいた1000万には及ばなかった。挙げ句の果てに、「役人上がりは仕事ができない」というレッテルを貼られ、入社3カ月でリストラ。これには、さすがに落ち込んだし、かなり悩んだ。そんなあるとき、ふらっと入った書店で引き寄せられるように手にしたのが、あの有名な『マーフィーの成功法則』。内容は、簡単にまとめると「潜在意識に刻まれたことは、自動的に起こってしまう」というもの。これを読んで、大いに納得。自分でもなんとなく「もし、リストラされるんだったら、年も若いし、自分が最初かもしれないなぁ」って思っていたからね。それが、現実になっただけのことだった。

そこで、次の転職では、その法則を実践してみた。潜在意識に刻み込むために、年収1000万と書いた紙をスーツのポケットに入れて、持ち歩いたんだ。で、とある外資系企業の面接で「年収はいくらが希望か?」と尋ねられた際、思い切って「テンミリオンエン(1000万円)」と答えた。当時、同年代の相場は500~700万円だったから、正直欲張りすぎた感も否めなかった。でも、なんと、要求通りの

1000万円で採用が決定しちゃった。またしてもマーフィーの法則が的中した。

結局、自分は、自分が考えたような人間になる。年収を自分で決められないから、得られない。その年収を得ようとして行動しないから、現実は変わらないのだ。

●お金の習性と流れをよく知っておこう

③お金が入ってくる流れを作ること(出ていく流れを作ってはならない)

お金の流れを作ることは、稼ぐことよりも重要である。銀行残高を先月よりも増やすためには、たとえ100円でもいいから、お金が入ってくる流れを作らなければならない。ちょっと入ってきたら贅沢をするという習慣ができると、お金は貯まらない。当たり前のことだけど、油断しているとつい忘れてしまう。ひとたびお金の流れができてしまうと、それを変えるのが難しくなるので、しっかりと肝に銘じておこう。

「お金は寂しがり屋」という言葉を耳にしたことはない? これは、真実だ。たとえば、コンビニのレジ横に置いてあるような透明の募金箱。中にまったくお金が入っていないときよりも、ある程度小銭が入り出してからのほうが、お金の貯まるスピードは早くなる。これに、お札が入ると、さらにスピードはアップする。

この現象に習って、まずは一刻も早く、現金が毎月増えていくようなお金の流れを作り出そう。これが「キャッシュフロー経営」の本質だ。一般的にキャッシュフロー経営というと決算書からキャッシュフロー計算書（C／F）を作り出し、会社の現在価値（NPV）はいくらかと計算するのが重要だと思われている。しかしこれは、財務の知識であり、知恵ではない。知恵が浅いと、ちょっと儲かると、その状況が今後も続くと思い込み、借金をして自社ビルを建てたりする。これでは、せっかくお金が入る流れがあったのに、出ていく流れができてしまう。結果、気づかぬうちにどんどんお金が流出していく。かつて、あの長銀が豪華な自社ビルを建てた数年後に潰れたことからも、それがいかに危険なことかおわかりいただけるだろう。

かといって、「決してお金を使うな」というわけではない。「お金の流れを変えるほど、自制心なく使うな」ということだ。何しろ、お金は寂しがり屋なのだ。入ってくる流れよりも出ていく流れが大きくなり過ぎると、あなたの元からたちまち姿を消してしまうから気をつけよう。

第7の習慣 決断は、思い切らない

●決断までの流れを理解しよう

人生は、選択の連続だ。誰だって、後悔はしたくない。だから、迷ってしまう。どちらを選ぶか、なかなか決断できない。

こんなふうに迷っているときの心の構造を図にあらわすと、【図4】のようになる。わかりやすく分類すると、現在と将来、どちらにもそれぞれ「いい面」と「悪い面」があって、合わせて4つの領域がある。恵美の部下であるミカの迷いを例に取ると、次のようになる。

ミカの迷い＝なんのアテもないが、子供の頃からの夢（食べ物のお店を持ちたい）を叶えるために、今のお店を辞めようと思っている。

①現在の悪い面＝このまま年を取ったら、夢が叶えられないかもしれない

②将来の悪い面＝今以上の給料や待遇は保証されていない
③現在のいい面＝仕事を覚え、人間関係も良好
④将来のいい面＝子供の頃からの夢が叶う

決断をする際、通常は、現在から将来に向かって思い切った行動を取ることを迫られているような心理状態になる。図に当てはめると、①から④へ、いきなり飛躍しなければならないようなイメージ。だが、これでは、将来への不安を抱えたまま、現在のいい面をすべて捨てなければならない。これが、「願望を叶えるためには、リスクを恐れてはならない」という、いわゆる世間の常識だ。ミカの迷いもそこから生じている。

[図4]

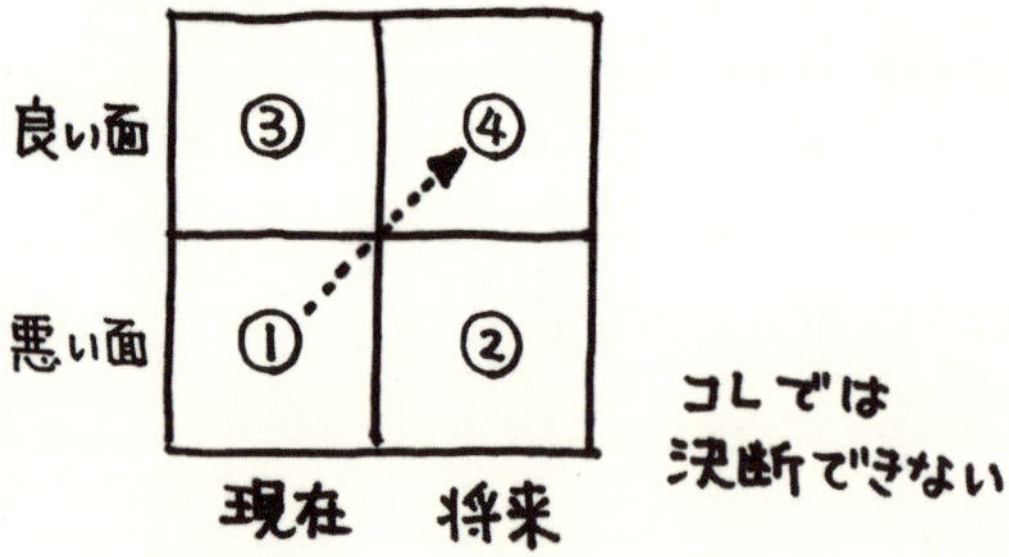

[図5]

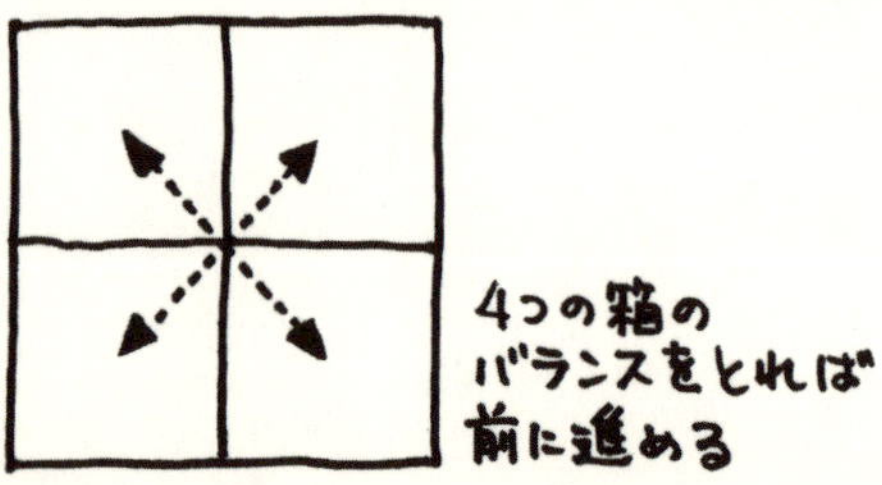

図表：『Natural Brilliance: Move from Feeling Stuck to Achieving Success』（Paul R. Scheele著 Learning Strategies Corporation刊）を元に作成

●シナリオ作りの思考プロセス

非常識な成功法則では、もっと賢く選択する。【図5】のように、4つの領域のバランスを取りながら、前に進む道を探るのだ。

私たちが何かを決断するとき、脳内では、綿密な思考プロセスが働いている。【図4】の①〜④の領域をぐるぐる巡りながら、過去の経験と将来の展望を天秤にかける。ベストな決断を下すために、まず何からやって、次に何をやろうかというシナリオを描いているのだ。そのとき、4つの領域が混じり合ったままの状態では、解決の糸口を見つけるのが難しい。出来の悪いシナリオしか描けない。

出来の良いシナリオを描くには、領域を1つずつ整理して考えよう。そして、自分の感情の揺れを客観的に認識するために、次のような3ステップで、質問してみる。

Step1＝自分は、どことどこの間で揺れているのか？

Step2＝現在のいい面（③）を残しながら、将来のいい面（④）を得るためにはどうすればいいか？

Step3＝将来の悪い面（②）をいかにして回避するか？

そうすると、現在の悪い面（①）が解決できる。ミカのように、辞めるか辞めないかの二者択一ではなく、「第3の道を探る」という方法で、迷いを切り抜けることができるのだ。

出来の良いシナリオ作りのコツは、結局のところ、順番にある。まず、何をやって、次に何をするか？　そうやって、順序立てて考えることで、突破口が開けるのだ。

ここでちょっと思い出してほしい。第6の習慣で私は、「自分の年収は自分で決めよう。ただし、今すぐ転職しようなどと単純に考えるべきではない」と言った。その理由が、ここにある。【図4】のスタイルだと、「このままじゃいけない。今すぐ行動するべきだ。そうだ！　とりあえず、転職しよう」などと気持ちばかりが先走る。挙げ句の果てに、なんのプランもなしに、辞表を出すなんていう、とんでもないシナリオを描いてしまう。

でも、よく考えてみたらわかりそうなものだよね。いくら夢を叶えたいからって、ミカのように、なんのアテもないのにお店を辞めちゃったらどうなるだろうか？　「どこかのカフェで一からやり直しかな……」なんて、そんなリスクの高い方法を選択すべきじゃないよね。シナリオ作りのコツを知った今のあなたなら、客観的な立場で見られるはずだ。きっと、「そりゃ、無謀だよ」「ちゃんと資金を貯めるとか、どんな店を開いたらいいのか、もっと具体的に計画を練るべきでしょ」とアドバイスしたくなるに違いない。

●シナリオ作りのトレーニング

シナリオ作りは、目標達成のためにとても重要だ。そこで、実際に私が行ったシナリオ作りのトレーニング方法を伝授しよう。それには、第2の習慣（75ページ）で紹介した「ビジュアライゼーション」（視覚化）のテクニックを用いる。誰にでもできて、非常に効果的なので、是非参考にしてほしい。

★発想力が冴える寝入りばなに行う

- **眠る前に、自分の目標について考える。横たわって目を閉じる。**
- **自分の目標は、いつ実現したいのか考えてストーリーを思い浮かべる（具体的にイメージしよう。ここでは、2年後に設定）。**

（例）目の前に、巨大なエレベーターがあらわれる。そこに入っていくとボタンが4つある。「上」「下」「将来」「過去」というボタンだ。

「将来」というボタンを押す。エレベーターは、2年後に向かって動き出す。しばらくしてエレベーターが止まる。ドアが開くとそこはパーティホール。あなたの目標が実現した盛大なパーティが開かれている。たくさんの人が祝福してくれている（誰がどんな言葉で祝福してくれているか具体的にイメージしよう）。その中から、一人の人物があなたに近寄ってくる。それは、2年後の自分だ。その自分が、あなたに向かって笑顔でこう言う「よくきてくれたね。君がくるのをずっと待っていたよ。今日、私は目標を実現した。どうやってそれを達成したのか、君に教えるよ」と。その自分が、2年後から、現在に向かって、詳細を話してくれる（昨日は…した、1週間前は…、3週間前は…と）。

このように、自分の成功から、時間を遡ってシナリオを描くトレーニングを積めば、目標を達成する道筋がつけやすくなるのだ。

第8の習慣 成功のダークサイドを知る

●成功の光と影

８つめの習慣では、成功のダークサイドについて話す。せっかく「成功しよう！」と思っている人に、「何も水を差すことはないじゃないか」と自分でも思う。しかし私は、あえて話すことを選んだ。なぜなら、もしあなたが第8の習慣を知らずにいれば、将来大きな間違いを起こす危険性があるからだ。そのことに触れずに締めくくるような無責任なことはしたくない。

成功するということは、「光が当たる」ということだ。当たる光が強ければ強いほど、落ちる影も濃くなる。これが道理だ。影は、突然あらわれるわけではない。常にあなたとともにある。それは、成功しつつある段階から、徐々に濃さを増していく。あなたは、今までの7つの習慣を実践すれば、自動的に成功に向かって歩み始める。その一方で、影も少しずつ濃くなることを忘れずにいてほしい。

影とはたとえば、病気、事故、人間関係など、あなたにダークな影響を及ぼすあらゆる現象をさす。影は、あなたの一番弱い部分を狙って噴出する。

私も以前は、目標が達成できて金持ちになることがゴールだと思っていた。しかし、現実はそう甘くない。ゴールだと思ったとたんに、スタートに戻されるのを覚悟しておかなければならない。

わかりやすい例を出すと、芸能人。いくら人気の絶頂を極めても、ずっとピークにいられるわけじゃないよね。上がったり下がったり、いろんな波が訪れる。経営者も同じだ。カリスマ経営者と称された人が、トップから転落することも珍しくない。

私は、元ヤオハンの和田氏に実際にお会いして話を聞いたことがある。和田氏といえば、年商1000万から5000億円の流通グループに育て上げ、「天才経営者」と注目を集めた人物だ。私は、そのような経営者が、なぜ失敗したのかが知りたかった。和田氏を目の当たりにした印象は、とても清らかな心を持ち、決しておごり高ぶるような人ではないというものだった。でも、そんな氏ですら、「世界中のマスコミから、世界のヤオハンと持ち上げられたことで、どこかにおごった気持ちが芽生えたのは事実だ」とおっしゃった。

それを聞いて、私は思いを改めた。「和田氏でさえ、そうなのだ。自分のような者が、このまま順調にいくと考えるほうが大間違いだ」とね。

●3つの教え

幸いなことに、私には多くの成功者に会って、お話を詳しくうかがう機会があった。その先輩方のおかげで、私の影の噴出は未然に防げている（2010年に、悪性黒色腫「メラノーマ」の診断を受けたが、そこでも多くの幸運が重なって、余命宣告から劇的な寛解に至った）。

ただし、今振り返ってみると、成功までの過程には多くの反省点がある。そのうち、特に重要だと思うもの3つを、あなたに伝えておこう。

①完璧を目指さないこと

会社も人生も100%完璧だなんてことは、ない。100%にこだわると、少しのミスも許せなくなる。そうすると、自分に対しても、周囲に対しても余裕がなくなる。そんな人のそばにいたいと思う？　仕事が忙しくなったら、部屋がちょっと汚れるくらい別にかまわないんじゃない？　パートナーに対しては、少し不満があるくらいでちょうどいいんじゃない？　あまりカリカリせずに、肩の力を抜いて気楽にやったほうがいい。

②家族を大事にすること

家族は、自分の影を見せてくれる鏡だ。家族に嫌な面があったら、そこに自分の姿が映っていると考えてみよう。なぜ、気になるのか？　どうしたら、解決できるか？

相手の嫌な面から、自分はどんな学びを得るべきか？　学びや気づきがなければ、同じことが繰り返し起きてしまう。

③稼いだお金を有効に使うこと

お金を稼いだら稼いだだけ、それをどのようにして社会に還元するかを真剣に考えよう。欧米の資産家には、収入の約10％を寄付する習慣がある。慈善事業にお金を回すことで、負のエネルギーを浄化しているのだ。そうやって、影が濃くなるのをコントロールする。もちろん、お金を寄付する以外にも、社会貢献の手段はある。あなたなりの方法を真剣に考えて、是非実行してほしい。

終章

Comic ⑦

TRUST YOURSELF

しかし
父の
死に目には
会えません
でした
父との別れが
こんなに
あっけない
ものだった
とは
ただいまー
ああ隆士
ご苦労様
今 保険証書とか
会社の名簿とか
掘り出してる
姉ちゃん
役所の手続き
終わったよー
あちこち
連絡しなきゃ

ああ オレも 手伝うよ あんまり突然 だったからなー
じゃあ そっちの山 頼む
結局 父に 認められる ことはなかった
そう思うと 心にぽっかり 穴があいた ようです
あら
アルバムだ
へーオヤジ ちゃんと写真 取っておいたのか
やだ隆士 ハナたれてる
姉ちゃんの スカート長ぇ ダッセー
あ…

これ……
ああ 姉ちゃんの インタビュー 記事だな
業家　恩田恵美さん
特集『この人に聞け』
父さんが？ なんで？
オレが雑誌 置いていこうと したら「いらん」 て言ったくせに
自分で 買ったんだ
そんな まさか 父さんが？ うそよ！
姉ちゃんと 父さんは2人とも 意固地だからなー
なによ 意固地って
だいたい アンタなんか いつも甘やか されて…
姉ちゃんは 忘れているかも しれないけど
オレたち 子供の頃 よく姉弟ゲンカ したろ？

そういや
そうね
アンタは
生意気なくせに
すぐビービー
泣いて
オレのほうが
背が高くなって
やっと勝てたのに
そのあと
オヤジに
なぐられた
ゴツン
エミに手ェ
上げる奴は
絶対許さん！
おまえの
たったひとりの
姉さんなんだぞ！
まじで
怖かったなァ
オヤジ
そんなこと
……

オヤジは あのとおりの 男尊女卑の 頑固者だろ
………なによそれ
そんな 表現しか できなかったん だよ
なんで今頃……
愛されて なかったわけでは なかった

それでもう十分だった
父さん……
葬儀に参列してくれてありがとう
うんまあね
どう？少しは落ち着いた？

不思議ねェこんなに父さんのこと思い出すなんて思わなかったわ
どうしてかしらなつかしいこと楽しかったことばかり
そりゃあ家族だからだろ
そーいや葬儀のあと隆士君に言われたよ
隆士？
喪が明けるまでとか待つなって
早くしないと「アネキがババアになる」ってさ
はあ？
なァエミさん

オレたち家族にならないか?
結婚しよう
あ…え…と
ホーーッ
あーやっと言えたーーっ胸のつかえが取れたーーっ
おいおい
もー満足ーーー
トン!
いいよ

結婚しよう
けっこう大変なことになりそうだね
むずかしいこともたくさんあるだろう
だねー
でも結婚と仕事の二者択一じゃなくて
大丈夫なにか必ず道があるはず
そうだよやっぱりお金じゃない

新しい自分に出会うことが面白いんだ
成功の秘訣はTRUST YOURSELF!!
—完—

おわりに

「成功って、なんだろう?」

さんざん成功法則について語りながら、最後にきてこんな疑問を投げかけるんだから、やはり私は非常識に違いない。しかし、せっかく私の本と出会い、最後まで読んでくださったあなたにだからこそ、あえて聞いてみたい。

「成功って、なんだろう?」

大丈夫。答えをすぐに出す必要はない。いや、むしろ、すぐに答えたりなどせず、あなたが金銭的な成功を実現した瞬間から、じっくり考えてほしい。というのも、私が独立し、2年で年収が10倍を超えたときに学んだことがある。それは、「本当に重要なのは、やっぱりお金じゃない」ということだった。

この本を最後まで読んだあなたなら、もうおわかりのはずだ。幸せに、お金の有無は関係ない。金銭的な成功はほんの第1ステップに過ぎず、それは、決して困難ではない。この本の通りに行動すればいい。しかし、お金があっても不幸は起こるし、お金がなくても幸せを感じることはできる。重要なのはお金じゃなくて、新しい自分に出会うことなのだ。

この本は、その「新しい自分」に出会おうと頑張るあなたを全力で応援するものだ。ところで、序章でも触れたが、「人の役に立つことをしていれば、お金は後からついてくる」とか、「ワクワクすることをやれば成功する」などの言葉をあなたも一度は耳にしたことがあるはずだ。多くの人が、同じような話をするから、まるで常識のようにとらえられているけど、果たしてこれって本当なのかな？　私は、実に疑わしいと思っている。いや、疑わしいどころか、現実とかけ離れていて「それって、嘘だよね」と言いたい。ではなぜ、この手の言葉が蔓延しているのだろう。答えは簡単。「便利だから」だ。

この手の言葉は、成功者が「成功の秘訣は？」と聞かれたときの模範的な回答になる。自分の成功を論理的に検証し、人に伝えるのは面倒だが、ひと言であらわすのにこれほど便利なものはない。誰かを敵に回すこともない。

会社が儲かるためには、何より先に儲ける仕組みを築き上げなければならない。ただのいい人では、事業を継続できないことにも見舞われる。ワクワクしないことで、儲けなきゃならないことだってある。理想と現実の間で葛藤し、立ち止まることもあるだろう。だったら「まず、稼ごう！」しっかり稼げば、そのお金を社会に還元できる。そうやって、世の中の役に立つ方法だってある。

人にはそれぞれの考え方があるし、幸せの尺度は一律じゃない。儲かったからといって、そこがゴールというわけでもない。ゲームで、一面をクリアすると、また次の面があらわれるようなもので、人生の課題は尽きることがない。だけどね。金銭的な成功が、次の面の扉を開くきっかけになるのは、確かだ。その扉の鍵は、あなた自身が既に手にしている。自分を信じよう！

「ＴＲＵＳＴ ＹＯＵＲＳＥＬＦ」

自分の力を信じて、始めの一歩を踏み出そう。かつて、リストラにあい途方に暮れていた私も、そうやって成功を手にすることができた。そんな私から、新しい自分に出会うための一歩を踏み出したあなたの背中に、最後にもう一度声援を送る。

「ＴＲＵＳＴ ＹＯＵＲＳＥＬＦ」


本書の出版にあたり、関わってくださったすべての方、そして読者のあなたに、心より感謝いたします。

２０１５年７月　神田昌典

●参考文献

『アインシュタインファクター』
ウィン・ウェンガー、リチャード・ポー著　田中孝顕訳　きこ書房刊

『[新版]あなたもいままでの10倍速く本が読める』
ポール・R・シーリィ著　神田昌典監修　井上久美訳　フォレスト出版刊

『非常識な成功法則[新装版]』
神田昌典著　フォレスト出版刊

『マーフィーの法則―現代アメリカの知性』
アーサー・ブロック著　倉骨彰訳　アスキー出版局刊

『ロバート・アレンの実践！ 億万長者入門』
ロバート・G・アレン著　今泉敦子訳　神田昌典監修　フォレスト出版刊

『Advanced Selling Strategies』
Brian Tracy著　Simon & Schuster刊

『High Probability Selling: Re-invents the selling process』
Jacques Werth & Nicholas E. Ruben著　Abba Publishing, Co刊

『How to Hypnotize Yourself and Others』
Rachel Copelan著 Lifetime Books, Inc刊

『Learning to Learn: Maximizing Your Performance Potential』
D. Trinidad Hunt著　Elan Enterprises刊

『Memory Optimizer, A fun, bold approach to vastly improve your memory』
Vera F. Birkenbihl著 Learning Strategies Corporation刊

『Natural Brilliance: Move from Feeling Stuck to Achieving Success』
Paul R. Scheele著 Learning Strategies Corporation刊

『No B.S. Sales Success』
Dan Kennedy著　Self Counsel刊

『Winning Through Intimidation』
Robert J. Ringer 著　Crest Book刊

●音声教材に関する情報

船井総合研究所 http://www.funaisoken.co.jp/
日本経営合理化協会 http://www.jmca.co.jp/
レガシィマネジメントグループ http://www.fpstation.co.jp/
ランチェスター経営 http://www.lanchest.com/
ダントツ企業実践オーディオセミナー http://www.kandamasanori.com/daudio/

●フォトリーディングに関する情報

Almacreations http://www.almacreations.jp/

Profile

著者　神田昌典（かんだ　まさのり）

経営コンサルタント、作家、日本最大級の読書会『リード・フォー・アクション』発起人

上智大学外国語学部卒。ニューヨーク大学経済学修士、ペンシルバニア大学ウォートンスクール経営学修士。
大学3年次に外交官試験に合格し、4年次より外務省経済部に勤務。戦略コンサルティング会社、米国家電メーカーの日本代表として活躍後、1998年、経営コンサルタントとして独立。多数の急成長企業の経営者やベストセラー作家などを育成し、総合ビジネス誌では「日本のトップマーケター」に選出。2012年、アマゾン年間ビジネス書売上ランキング第1位。2014年11月、米国で開催された、自ら開発した知識創造メソッドであるフューチャーマッピングのセミナーでは、スタンディングオベーションが続く大絶賛を受ける。ビジネス分野のみならず、教育界でも精力的な活動を行っており、公益財団法人・日本生涯教育協議会の理事を務める。主な著書に、『非常識な成功法則』『挑戦する会社』（フォレスト出版）、『ストーリー思考―「フューチャーマッピング」で隠れた才能が目覚める』（ダイヤモンド社）、『2022―これから10年、活躍できる人の条件』（PHP研究所）、『成功者の告白』（講談社）など、累計出版部数は250万部を超える。

マンガ　宮島葉子（みやじま　ようこ）

明治大学文学部卒。明治大学漫画研究会出身。大学卒業後、少女マンガ家として『プチコミック』にてデビュー。現在は、『本当にあった女の人生ドラマ』『本当にあった主婦の体験』（ぶんか社）などのコミック誌にて活躍している。代表作に、『ママの選択』（スコラ）、『結婚のカタチ』（あおば出版）、『恋する探偵』（ハーレクイン）などがある。

マンガでわかる　非常識《ひじょうしき》な成功法則《せいこうほうそく》
平成27年8月1日発行　初版第1刷発行

著　者　原作／神田昌典《かんだまさのり》　マンガ／宮島葉子《みやじまようこ》
発行人　甲斐健一
発行所　株式会社ぶんか社
〒102-8405　東京都千代田区一番町29-6
電話 03-3222-6513（編集部）
03-3222-5115（出版営業部）
www.bunkasha.co.jp
印刷・製本　図書印刷株式会社

Printed in Japan　ISBN978-4-8211-4401-3